✦ ✦ ✦

1001 ESSENTIAL VOCABULARY WORDS
FOR ELEMENTARY ENGLISH LEARNERS

CEDU 쎄듀는 A **C**omprehensive **E**nglish e**DU**cation(종합적 영어교육)의 약자입니다.

펴낸이	김기훈 · 김진희
펴낸곳	(주)쎄듀 / 서울시 강남구 논현로 305 (역삼동)
발행일	2017년 3월 30일 초판 1쇄
내용문의	www.cedubook.com
구입문의	마케팅 사업총괄부
	Tel. 02-6241-2007
	Fax. 02-2058-0209
등록번호	제 22-2472호
ISBN	978-89-6806-090-8

초등코치
천일문
voca&story

세이펜과
초등코치 천일문 Voca&Story의 만남!

✦ ✦ ✦

〈초등코치 천일문 Voca&Story〉는 세이펜이 적용된 도서입니다.
세이펜을 영어에 가져다 대기만 하면 원어민이 들려주는
생생한 영어 발음과 억양을 바로 확인할 수 있습니다.

초등코치 천일문 시리즈
with 세이펜

원어민 음성을 실시간 반복학습	녹음 기능으로 쉐도잉 발음교정	게임 기능으로 재미있고 유익하게

초등코치 천일문 시리즈 Sentence 1권~5권, Grammar 1권~3권, Voca&Story 1권~2권 모두
세이펜을 활용하여 원어민 MP3 음성 재생 서비스를 이용할 수 있습니다.

(책 앞면 하단에 세이펜 로고 **SAYPEN**가 있습니다.)

세이펜 핀파일 다운로드 안내

STEP ① 세이펜과 컴퓨터를 USB 케이블로 연결하세요.

STEP ② 쎄듀북 홈페이지(www.cedubook.com)에 접속 후, 학습자료실 메뉴에서 학습할 교재를 찾아 이동합니다.

> 초·중등교재 ▶ 어휘 ▶ 학습교재 클릭 ▶ 세이펜 핀파일 자료 클릭
> ▶ 다운로드 (저장을 '다른 이름으로 저장'으로 변경하여 저장소를 USB로 변경) ▶ 완료

STEP ③ 음원 다운로드가 완료되면 세이펜과 컴퓨터의 USB 케이블을 분리하세요.

STEP ④ 세이펜을 분리하면 "시스템을 초기화 중입니다. 잠시만 기다려 주세요" 라는 멘트가 나옵니다.

STEP ⑤ 멘트 종료 후 세이펜을 〈초등코치 천일문 Voca&Story〉 표지의 제목 부분에 대보세요.
효과음이 나온 후 바로 학습을 시작할 수 있습니다.

참고사항

◆ 세이펜에서 제작된 모든 기종(기존에 보유하고 계신 기종도 호환 가능)으로 사용이 가능합니다.

　단, Sentence 교재의 Role-Play 기능은 레인보우 SBS-1000 기종에서만 구동됩니다. (신규 구매자는 SBS-1000 이후 모델의 구매를 권장합니다.)

◆ 모든 기종은 세이펜에서 권장하는 최신 펌웨어 업데이트를 진행해 주시기 바랍니다. 업데이트는 세이펜 홈페이지(www.saypen.com)에서 가능합니다.

◆ 초등코치 천일문 시리즈의 핀파일은 쎄듀북 홈페이지(www.cedubook.com)와 세이펜 홈페이지(www.saypen.com)에서 모두 다운로드 가능합니다.

◆ 세이펜을 이용하지 않는 학습자는 쎄듀북 홈페이지 부가학습자료, 교재 내 QR코드 이미지 등을 활용하여 원어민 음성으로 학습하실 수 있습니다.

◆ 기타 문의사항은 www.cedubook.com / 02-3272-4766으로 연락 바랍니다.

초등코치

천일문

voca&story

◆ ◆ ◆

1

저자

김기훈　現 ㈜ 쎄듀 대표이사
　　　　現 메가스터디 영어영역 대표강사
　　　　前 서울특별시 교육청 외국어 교육정책자문위원회 위원

　　저서　천일문 〈입문편 · 기본편 · 핵심편 · 완성편〉 / 초등코치 천일문 / 천일문 Grammar
　　　　첫단추 BASIC / 쎄듀 본영어 / 어휘끝 / 어법끝 / 문법의 골든룰 101
　　　　절대평가 PLAN A / 리딩 플랫폼 / 거침없이 Writing / Reading Relay
　　　　구문현답 / 유형즉답 / The 리딩플레이어 / 빈칸백서 / 오답백서
　　　　첫단추 모의고사 / Sense Up! 모의고사 / Power Up! 모의고사
　　　　수능실감 EBS 변형 독해 모의고사 등

쎄듀 영어교육연구센터

쎄듀 영어교육센터는 영어 콘텐츠에 대한 전문지식과 경험을 바탕으로
최고의 교육 콘텐츠를 만들고자 최선의 노력을 다하는 전문가 집단입니다.

인지영 선임연구원 · **장혜승** 주임연구원

마케팅	민혜정, 문병철, 장은비
영업	문병구, 장동철
제작	정승호
인디자인 편집	로즈앤북스
표지 디자인	윤혜영, 이연수
내지 디자인	에피그램
영문교열	Eric Scheusner

Foreword

〈초등코치 천일문 Voca & Story〉 시리즈를 펴내며

초등 영단어, 어떻게 시작해야 할까요?

영어를 배울 때, 대부분 가장 먼저 알파벳을 익힌 후 파닉스, 그리고 단어의 순서로 자연스럽게 학습하게 됩니다. 단어는 초등학교에서 배우는 의사소통 표현의 바탕이 되고 나아가 중학교에서 익히게 될 문법과 독해의 기초가 됩니다. 따라서 단어를 얼마나 알고 있는지가 영어 학습에 투자해야 하는 시간을 좌우합니다.

학습한 내용을 빠르게 흡수하고, 들리는 대로 따라 말할 수 있는 초등학생 시기가 영단어 기본기를 쌓기에 가장 적절할 때입니다. 눈으로 보고 귀로 듣고 입으로 먼저 학습하는 습관을 기를 수 있기 때문이지요.

〈초등코치 천일문 Voca & Story〉 시리즈는 초등학생이 꼭 알아야 하는 단어를 엄선하여 수록하였습니다. **교육부 권장 초등 어휘 800개와 그밖에 초등 필수 어휘까지 총 1,001개의 어휘와 짧은 스토리 예문으로 구성되**었습니다.

| 단어의 쓰임까지 학습해야 진정한 단어 학습입니다.

단어의 뜻만으로는 그 쓰임을 정확하게 파악하기 어렵습니다. 주어진 상황에 따른 단어의 쓰임과 변화형, 즉 단어 응용력을 기르는 것도 중요합니다. 〈초등코치 천일문 Voca & Story〉는 학습자들이 정확하게 단어의 의미를 이해할 수 있도록 앞뒤 상황이 제시된 짧은 스토리 예문들을 삽화를 곁들여 재미있게 구성하였습니다.

| 암기 효과를 높인 효율적인 학습이 되도록 설계했습니다.

'단어-뜻' 단순 암기가 아닌 듣기, 말하기, 쓰기, 읽기의 다양한 활동으로 쉽고 빠르게 단어를 암기할 수 있습니다. 이러한 학습법은 기계적인 암기법보다 암기 효과를 오랫동안 지속시키는 데 중요한 역할을 합니다.

짧은 스토리들을 통해 쌓은 영단어 기본기와 올바른 단어 학습법은 앞으로의 영어 학습에 있어 자신감의 바탕이 될 것입니다. 〈초등코치 Voca & Story〉 시리즈와의 만남을 통해 보다 쉽고 즐거운 영단어 학습을 경험하기를 희망합니다.

저 자

Preview

〈초등코치 천일문 Voca & Story 1〉 미리보기

QR코드
휴대폰을 통해 QR코드를 인식하면, 본문의 모든 단어, 스토리의 MP3 파일이 재생됩니다.

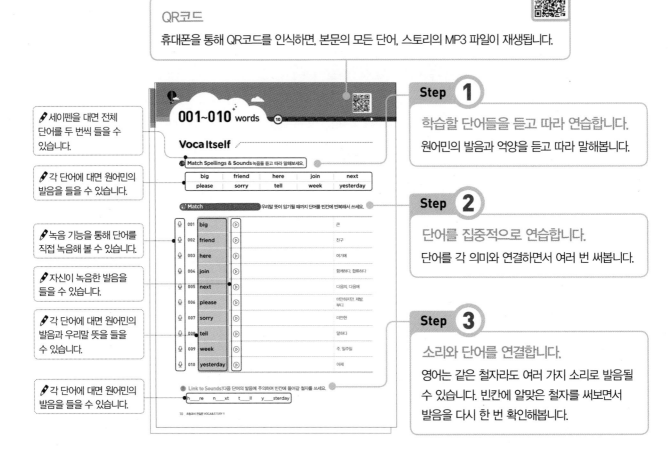

세이펜을 대면 전체 단어를 두 번씩 들을 수 있습니다.

각 단어에 대면 원어민의 발음을 들을 수 있습니다.

녹음 기능을 통해 단어를 직접 녹음해 볼 수 있습니다.

자신이 녹음한 발음을 들을 수 있습니다.

각 단어에 대면 원어민의 발음과 우리말 뜻을 들을 수 있습니다.

각 단어에 대면 원어민의 발음을 들을 수 있습니다.

Step 1
학습할 단어들을 듣고 따라 연습합니다.
원어민의 발음과 억양을 듣고 따라 말해봅니다.

Step 2
단어를 집중적으로 연습합니다.
단어를 각 의미와 연결하면서 여러 번 써봅니다.

Step 3
소리와 단어를 연결합니다.
영어는 같은 철자라도 여러 가지 소리로 발음될 수 있습니다. 빈칸에 알맞은 철자를 써보면서 발음을 다시 한 번 확인해봅니다.

Step 4
단어의 달라지는 형태와 의미를 확인합니다.
동사가 문장에서 쓰일 때 형태나 의미가 어떻게 바뀌는지 볼 수 있습니다.

Step 5
빈칸에 알맞은 단어를 채워 스토리를 완성합니다.
재미있는 스토리로 단어의 쓰임을 학습할 수 있습니다. '단어–뜻'만 연결해서 암기하는 것보다 더 효과적으로 학습 내용을 오래 기억할 수 있습니다.

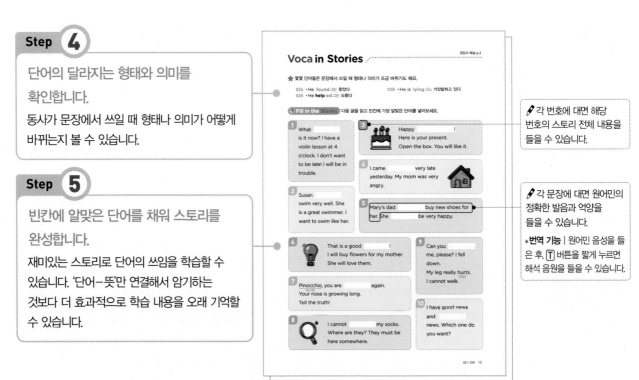

각 번호에 대면 해당 번호의 스토리 전체 내용을 들을 수 있습니다.

각 문장에 대면 원어민의 정확한 발음과 억양을 들을 수 있습니다.

*번역 기능 | 원어민 음성을 들은 후, T 버튼을 짧게 누르면 해석 음원을 들을 수 있습니다.

Review를 통해 50개 단어씩 확인 학습합니다.

시작 버튼 ⓞ에 대면 퀴즈를 시작할 수 있습니다. 종료 시에는 종료 버튼 ⓞℱℱ를 누릅니다.

재생 버튼 ⓟ에 대면 10개 단어가 랜덤으로 재생됩니다.

재생되는 각 단어의 우리말 뜻에 세이펜을 대면 정답음이 나옵니다.
*세 번 틀리면 다음 문제로 넘어갑니다.

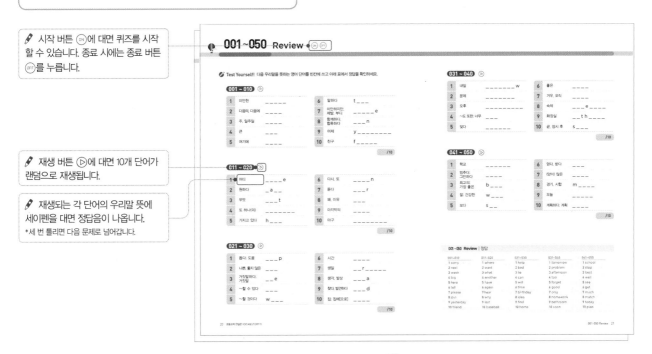

워크북으로 배운 단어들을 복습합니다.

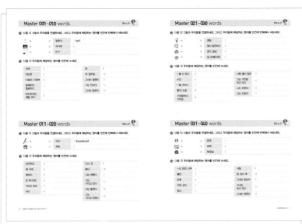

부가서비스 활용하기 쎄듀북 홈페이지(www.cedubook.com)에서 MP3 파일과 어휘자동출제 프로그램을 다운로드받으실 수 있습니다.

〈초등코치 천일문 Voca & Story〉 부가서비스 자료에는 본문의 모든 단어와 스토리의 MP3 파일 그리고 어휘자동출제 프로그램이 들어있습니다.

- **MP3 파일** : 원어민 성우의 생생하고 정확한 발음과 억양을 확인할 수 있습니다.
  단어는 2회씩 녹음 되어있습니다.

- **어휘자동출제 프로그램** : 교재에 실린 단어들을 사용하여 단어 시험지를 생성해줍니다. 출제 범위와 문제 유형을 선택할 수 있습니다.
  프로그램을 통해서 더욱 손쉽게 만들어진 단어 시험지로 완벽하게 복습할 수 있습니다.

세이펜 활용하기 〈초등코치 천일문 Voca & Story〉는 세이펜이 적용된 도서입니다. 세이펜을 영어에 가져다 대기만 하면 원어민이 들려주는 생생한 영어 발음과 억양을 바로 확인할 수 있습니다.

Contents 📖

〈초등코치 천일문 Voca & Story 1〉 목차

권두부록 **주제별 단어** – 묶어서 공부하면 더 쉬운 단어들!

책속책 **WORKBOOK** | 정답과 해설

Study Plan

〈초등코치 천일문 Voca & Story 1〉 학습 계획표

★ 30일 완성!

1일차	001~020 words, 워크북
2일차	021~040 words, 워크북
3일차	041~050 words, 워크북 / Review 001~050
4일차	051~070 words, 워크북
5일차	071~090 words, 워크북
6일차	091~100 words, 워크북 / Review 051~100
7일차	101~120 words, 워크북
8일차	121~140 words, 워크북
9일차	141~150 words, 워크북 / Review 101~150
10일차	151~170 words, 워크북
11일차	171~190 words, 워크북
12일차	191~200 words, 워크북 / Review 151~200
13일차	201~220 words, 워크북
14일차	221~240 words, 워크북
15일차	241~250 words, 워크북 / Review 201~250
16일차	251~270 words, 워크북
17일차	271~290 words, 워크북
18일차	291~300 words, 워크북 / Review 251~300
19일차	301~320 words, 워크북
20일차	321~340 words, 워크북
21일차	341~350 words, 워크북 / Review 301~350
22일차	351~370 words, 워크북
23일차	371~390 words, 워크북
24일차	391~400 words, 워크북 / Review 351~400
25일차	401~420 words, 워크북
26일차	421~440 words, 워크북
27일차	441~450 words, 워크북 / Review 401~450
28일차	451~470 words, 워크북
29일차	471~490 words, 워크북
30일차	491~500 words, 워크북 / Review 451~500

★ 20일 완성!

1일차	001~030 words, 워크북
2일차	031~050 words, 워크북 / Review 001~050
3일차	051~080 words, 워크북
4일차	081~100 words, 워크북 / Review 051~100
5일차	101~130 words, 워크북
6일차	131~150 words, 워크북 / Review 101~150
7일차	151~180 words, 워크북
8일차	181~200 words, 워크북 / Review 151~200
9일차	201~230 words, 워크북
10일차	231~250 words, 워크북 / Review 201~250
11일차	251~280 words, 워크북
12일차	281~300 words, 워크북 / Review 251~300
13일차	301~330 words, 워크북
14일차	331~350 words, 워크북 / Review 301~350
15일차	351~380 words, 워크북
16일차	381~400 words, 워크북 / Review 351~400
17일차	401~430 words, 워크북
18일차	431~450 words, 워크북 / Review 401~450
19일차	451~480 words, 워크북
20일차	481~500 words, 워크북 / Review 451~500

Number 숫자

- one   1, 하나
- two   2, 둘
- three   3, 셋
- four   4, 넷
- five   5, 다섯
- six   6, 여섯
- seven   7, 일곱
- eight   8, 여덟
- nine   9, 아홉
- ten   10, 열
- eleven   11, 열하나
- twelve   12, 열둘
- thirteen   13, 열셋
- fourteen   14, 열넷
- fifteen   15, 열다섯
- sixteen   16, 열여섯
- seventeen   17, 열일곱
- eighteen   18, 열여덟
- nineteen   19, 열아홉
- twenty   20, 스물

서수 (순서를 나타내는 수)

- first   첫 번째의
- second   두 번째의
- third   세 번째의
- fourth   네 번째의
- fifth   다섯 번째의
- sixth   여섯 번째의
- seventh   일곱 번째의
- eighth   여덟 번째의
- ninth   아홉 번째의
- tenth   열 번째의

Month 달

- January   1월
- February   2월
- March   3월
- April   4월
- May   5월
- June   6월
- July   7월
- August   8월
- September   9월
- October   10월
- November   11월
- December   12월

*항상 대문자로 시작해요!

Day 요일

- Monday 월요일
- Tuesday 화요일
- Wednesday 수요일
- Thursday 목요일
- Friday 금요일
- Saturday 토요일
- Sunday 일요일

*항상 대문자로 시작해요!

Time 시간

- morning 아침
- afternoon 오후
- evening 저녁, 밤
- yesterday 어제
- last night 어제저녁
- today 오늘
- tonight 오늘밤
- tomorrow 내일
- year 해, 년
- last year 작년
- next year 내년
- hour 1시간, 시간
- minute 분
- o'clock ～ 시 (정각)

Season 계절

- spring 봄
- summer 여름
- autumn/fall 가을
- winter 겨울

Weather 날씨

- sun 해, 태양
- sunny 화창한
- clear 맑은
- cloud 구름
- cloudy 구름이 낀
- wind 바람
- windy 바람이 부는
- rain 비
- rainy 비가 오는
- rainbow 무지개
- snow 눈
- snowy 눈이 오는
- fog 안개
- foggy 안개가 낀
- hot 더운, 뜨거운
- warm 따뜻한
- cool 시원한
- chilly 쌀쌀한
- cold 추운

방위 (방향을 나타내는 말)

- east 동쪽
- west 서쪽
- south 남쪽
- north 북쪽

Voca Itself

🔵 **Match Spellings & Sounds** 녹음을 듣고 따라 말해보세요.

big	friend	here	join	next
please	sorry	tell	week	yesterday

Match Spellings & Meanings 우리말 뜻이 암기될 때까지 단어를 빈칸에 반복해서 쓰세요.

🎤	001	big	▷		큰
🎤	002	friend	▷		친구
🎤	003	here	▷		여기에
🎤	004	join	▷		함께하다, 합류하다
🎤	005	next	▷		다음의, 다음에
🎤	006	please	▷		미안하지만, 제발, 부디
🎤	007	sorry	▷		미안한
🎤	008	tell	▷		말하다
🎤	009	week	▷		주, 일주일
🎤	010	yesterday	▷		어제

🔊 **Link to Sounds!** 다음 단어의 발음에 주의하여 빈칸에 들어갈 철자를 쓰세요.

h____re   n____xt   t____ll   y____sterday

Voca in Stories

정답과 해설 p.2

⭐ 몇몇 단어들은 문장에서 쓰일 때 형태나 의미가 조금 바뀌기도 해요.

004 ・He **join**ed 그는 만났다

008 ・She **tell**s 그녀는 말한다
・She **told** 그녀는 말했다

✏️ **Fill in the Blanks** 다음 글을 읽고 빈칸에 가장 알맞은 단어를 넣어보세요.

1
This cake is so
          ! I cannot
eat it all.
I'm already full.

2
Good job, everyone!
Have a nice
weekend! I will see
you
week.

3
It's my birthday today.
But I had a birthday party
instead.
대신에

4

Mike's mother
a great story every night.
Mike loves to listen.

5
          us!
We will go to the movies at 5 o'clock.
It will be fun.

6
Kate is Mary's best   .
They do everything together at
      모든 것
school!

7
Come   . There is
a little puppy under the car.
Do you see it?

8
Jane is very late.
She says to her friend, "I am so   .
Are you angry?"

9
Can you help me,
          ? This
box is very heavy!
I can't lift it.

10
There are seven days
in a   .
On some calendars,
the first day is
Sunday.

Voca Itself

🎧 **Match Spellings & Sounds** 녹음을 듣고 따라 말해보세요.

again	another	baseball	hear	last
want	what	where	why	have

🎙️ **Match Spellings & Meanings** 우리말 뜻이 암기될 때까지 단어를 빈칸에 반복해서 쓰세요.

🎙️ 011	**again**	▷	다시, 또
🎙️ 012	**another**	▷	또 하나(의)
🎙️ 013	**baseball**	▷	야구
🎙️ 014	**hear**	▷	듣다
🎙️ 015	**last**	▷	마지막의
🎙️ 016	**want**	▷	원하다
🎙️ 017	**what**	▷	무엇
🎙️ 018	**where**	▷	어디
🎙️ 019	**why**	▷	왜, 이유
🎙️ 020	**have**	▷	가지고 있다

🎧 **Link to Sounds!** 다음 단어의 발음에 주의하여 빈칸에 들어갈 철자를 쓰세요.

___g___in   ___nother   b___seb___ll   l___st   w___nt   wh___t   h___ve

Voca in Stories

정답과 해설 p.2

⭐ 몇몇 단어들은 문장에서 쓰일 때 형태나 의미가 조금 바뀌기도 해요.

014 ·He heard 그는 들었다   020 ·He has 그는 가지고 있다
016 ·He wanted 그는 원했다   ·He had 그는 가지고 있었다

🔍 **Fill in the Blanks** 다음 글을 읽고 빈칸에 가장 알맞은 단어를 넣어보세요.

1 What did you say?
I cannot _____ you well. This place is too loud!

2 This is your _____ chance. Believe me, you will have so much fun! Don't miss out.
놓치다

3 Your mother is a good cook. This pasta is so delicious! I _____ some more. Can I have some?

4 _____ did you go home so early? Were you sick? Is everything okay?

5 Is that your cat? _____ is its name? It's so cute! I love cats.

6 I have a _____ bat at home. Do you need it? You can borrow it.

7 My grandmother lives in _____ country. I miss her very much. I want to visit her soon.

8 Kevin _____ two sisters. So, there are five people in his family. What about you?

9 Jake's uncle is leaving for Japan. He says, "See you _____ next summer."

10 _____ is my umbrella? I cannot find it. _____ did I put it?

021~030 words

Voca Itself

🔊 **Match Spellings & Sounds** 녹음을 듣고 따라 말해보세요.

bad	birthday	can	find	help
home	idea	lie	time	will

🎙 **Match Spellings & Meanings** 우리말 뜻이 암기될 때까지 단어를 빈칸에 반복해서 쓰세요.

🎙 021	**bad**	▷	나쁜, 좋지 않은
🎙 022	**birthday**	▷	생일
🎙 023	**can**	▷	~할 수 있다
🎙 024	**find**	▷	찾다, 발견하다
🎙 025	**help**	▷	돕다; 도움
🎙 026	**home**	▷	집; 집에[으로]
🎙 027	**idea**	▷	생각, 발상
🎙 028	**lie**	▷	거짓말하다; 거짓말
🎙 029	**time**	▷	시간
🎙 030	**will**	▷	~할 것이다

🔈 **Link to Sounds!** 다음 단어의 발음에 주의하여 빈칸에 들어갈 철자를 쓰세요.

f___nd   ___dea   t___me   w___ll

Voca in Stories

⭐ 몇몇 단어들은 문장에서 쓰일 때 형태나 의미가 조금 바뀌기도 해요.

024 • He found 그는 **찾았다**   028 • He is lying 그는 **거짓말하고 있다**
025 • He **help**ed 그는 **도왔다**

🔵 **Fill in the Blanks** 다음 글을 읽고 빈칸에 가장 알맞은 단어를 넣어보세요.

---

1 What _____ is it now? I have a violin lesson at 4 o'clock. I don't want to be late! I will be in trouble.

2 Susan _____ swim very well. She is a great swimmer. I want to swim like her.

3  Happy _____ ! Here is your present. Open the box. You will like it.

4 I came _____ very late yesterday. My mom was very angry.

5 Mary's dad _____ buy new shoes for her. She _____ be very happy.

6 That is a good _____ ! I will buy flowers for my mother. She will love them.

7 Pinocchio, you are _____ again.
피노키오
Your nose is growing long.
Tell the truth!

8 I cannot _____ my socks. Where are they? They must be here somewhere.

9 Can you _____ me, please? I fell down. My leg really hurts.
아프다
I cannot walk.

10 I have good news and _____ news. Which one do you want?

Voca Itself

🎧 **Match Spellings & Sounds** 녹음을 듣고 따라 말해보세요.

afternoon	bathroom	forget	good	homework
only	problem	tomorrow	too	soon

🎧 **Match Spellings & Meanings** 우리말 뜻이 암기될 때까지 단어를 빈칸에 반복해서 쓰세요.

🎤 031	**afternoon**	▷		오후
🎤 032	**bathroom**	▷		화장실
🎤 033	**forget**	▷		잊다
🎤 034	**good**	▷		좋은
🎤 035	**homework**	▷		숙제
🎤 036	**only**	▷		겨우, 오직
🎤 037	**problem**	▷		문제
🎤 038	**tomorrow**	▷		내일
🎤 039	**too**	▷		~도 또한; 너무
🎤 040	**soon**	▷		곧, 잠시 후

🔊 **Link to Sounds!** 다음 단어의 발음에 주의하여 빈칸에 들어갈 철자를 쓰세요.

aftern___n   bathr___m   g___d   t___   s___n

Voca in Stories

⭐ 몇몇 단어들은 문장에서 쓰일 때 형태나 의미가 조금 바뀌기도 해요.

033 · She **forget**s 그녀는 잊는다　　　　　　　· She is **forget**ting 그녀는 잊고 있다
　　· She **forgot** 그녀는 잊었다

🖊 Fill in the Blanks 다음 글을 읽고 빈칸에 가장 알맞은 단어를 넣어보세요.

1 Dinner will be ready ＿＿＿＿. Wash your hands first. Then
그리고 나서
have a seat around the table.

2 Cathy is sleepy. She can't finish her dinner. Her sister is sleepy, ＿＿＿＿. They are
yawning.
하품하고 있다

3 Brian wants to go to the ＿＿＿＿.
He drank too much water.

4  Ben has too much ＿＿＿＿.
He cannot watch TV today.

5 Let's have lunch now. We will start the game in the ＿＿＿＿.
Everyone is hungry.

6 My bike has a ＿＿＿＿.
The brakes don't work.
브레이크
It is not good.

7 Mina, remember, the movie starts at 2 o'clock. Don't ＿＿＿＿! We will start without you.

8 Mark's uncle will visit him ＿＿＿＿.
So, today his family cleans the house.

9 There are three eggs in the basket. Tom can take one.
The other two are for his friends.

10 Mom, I have ＿＿＿＿ news for you. I got good grades in school.

Voca Itself

🔊 **Match Spellings & Sounds** 녹음을 듣고 따라 말해보세요.

match	school	plan	much	see
today	well	get	stop	best

Match Spellings & Meanings 우리말 뜻이 암기될 때까지 단어를 빈칸에 반복해서 쓰세요.

🎙 041	**match**	▷	경기, 시합
🎙 042	**school**	▷	학교
🎙 043	**plan**	▷	계획하다; 계획
🎙 044	**much**	▷	(양이) 많은
🎙 045	**see**	▷	보다
🎙 046	**today**	▷	오늘
🎙 047	**well**	▷	잘; 건강한
🎙 048	**get**	▷	얻다, 받다
🎙 049	**stop**	▷	멈추다; 그만하다
🎙 050	**best**	▷	최고의; 가장 좋은

🔊 **Link to Sounds!** 다음 단어의 발음에 주의하여 빈칸에 들어갈 철자를 쓰세요.

mat_____   s_____ool   mu_____

Voca in Stories

⭐ 몇몇 단어들은 문장에서 쓰일 때 형태나 의미가 조금 바뀌기도 해요.

045 • She **saw** 그녀는 **보았다**

048 • He **got** 그는 **얻었다**

049 • It **stops** 그것은 **멈춘다**

• It **stopped** 그것은 **멈췄다**

🖊 **Fill in the Blanks** 다음 글을 읽고 빈칸에 가장 알맞은 단어를 넣어보세요.

1 There is a soccer _____ today. My family will watch the game together. It will be fun!

2 I _____ a new computer for Christmas last year. I was very happy.

3  I will go to the library. After, I will visit my grandfather. That is my _____ for today.

4 This is the _____ movie! I just loved the story and actors!

5 _____ is an important place. Students learn many things. They make friends there, too.

6 Mina went to the zoo with her class. She _____ many animals there.

7 _____ is Mark's birthday. He will have a nice dinner with his family tonight. He will get presents, too.

8 Penguins can't fly like most other birds. But they can swim very _____.

9 There is not _____ time. Hurry up! The bus will leave without ~없이 you.

10 The rain just _____. Now, the kids can go out and play. They are very happy.

001~050 Review (ON) (OFF)

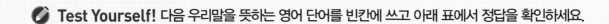

✏️ **Test Yourself!** 다음 우리말을 뜻하는 영어 단어를 빈칸에 쓰고 아래 표에서 정답을 확인하세요.

001 ~ 010 ▷

1	미안한	_ _ _ _ _	6	말하다	t _ _ _
2	다음의, 다음에	_ _ _ _	7	미안하지만, 제발, 부디	_ _ _ _ _ e
3	주, 일주일	_ _ _ _	8	함께하다, 합류하다	_ _ _ n
4	큰	_ _ _	9	어제	y _ _ _ _ _ _ _ _
5	여기에	_ _ _ _	10	친구	f _ _ _ _ _

/10

011 ~ 020 ▷

1	어디	_ _ _ _ e	6	다시, 또	_ _ _ _ n
2	원하다	_ a _ _	7	듣다	_ _ _ r
3	무엇	_ _ _ t	8	왜, 이유	_ _ _
4	또 하나(의)	_ _ _ _ _ _ _	9	마지막의	_ _ _ _
5	가지고 있다	h _ _ _	10	야구	_ _ _ _ _ _ _ _

/10

021 ~ 030 ▷

1	돕다; 도움	_ _ _ p	6	시간	_ _ _ _
2	나쁜, 좋지 않은	_ _ _	7	생일	_ _ r _ _ _ _ _
3	거짓말하다; 거짓말	_ _ e	8	생각, 발상	_ _ _ a
4	~할 수 있다	_ _ _	9	찾다, 발견하다	_ _ _ d
5	~할 것이다	w _ _ _	10	집; 집에[으로]	_ _ _ _

/10

031 ~ 040 ▷

1	내일	_ _ _ _ _ _ _ w
2	문제	_ _ _ _ _ _ _
3	오후	_ _ _ _ _ _ _ _ _
4	~도 또한; 너무	_ _ _
5	잊다	_ _ _ _ _ _

6	좋은	_ _ _ _
7	겨우, 오직	_ _ _ _
8	숙제	_ _ _ e _ _ _ _
9	화장실	_ _ t h _ _ _ _
10	곧, 잠시 후	s _ _ _

/10

041 ~ 050 ▷

1	학교	_ _ _ _ _ _
2	멈추다; 그만하다	_ _ _ _
3	최고의; 가장 좋은	b _ _ _
4	잘; 건강한	w _ _ _
5	보다	s _ _

6	얻다, 받다	_ _ _
7	(양이) 많은	_ _ _ _
8	경기, 시합	m _ _ _ _
9	오늘	_ _ _ _ _
10	계획하다; 계획	_ _ _ _

/10

001~050 Review | 정답

001~010	011~020	021~030	031~040	041~050
1 sorry	1 where	1 help	1 tomorrow	1 school
2 next	2 want	2 bad	2 problem	2 stop
3 week	3 what	3 lie	3 afternoon	3 best
4 big	4 another	4 can	4 too	4 well
5 here	5 have	5 will	5 forget	5 see
6 tell	6 again	6 time	6 good	6 get
7 please	7 hear	7 birthday	7 only	7 much
8 join	8 why	8 idea	8 homework	8 match
9 yesterday	9 last	9 find	9 bathroom	9 today
10 friend	10 baseball	10 home	10 soon	10 plan

Voca Itself

 **Match Spellings & Sounds** 녹음을 듣고 따라 말해보세요.

break	seat	all	at	fan
great	like	little	look	room

Match Spellings & Meanings 우리말 뜻이 암기될 때까지 단어를 빈칸에 반복해서 쓰세요.

🎤 051	**break**	▷		깨다; 부러뜨리다
🎤 052	**seat**	▷		자리, 좌석
🎤 053	**all**	▷		모든; 모두
🎤 054	**at**	▷		~에(시간)
🎤 055	**fan**	▷		선풍기; 부채
🎤 056	**great**	▷		좋은, 훌륭한
🎤 057	**like**	▷		좋아하다
🎤 058	**little**	▷		작은; 약간, 조금
🎤 059	**look**	▷		보다
🎤 060	**room**	▷		방

🎧 **Link to Sounds!** 다음 단어의 발음에 주의하여 빈칸에 들어갈 철자를 쓰세요.

br___k   s___t   gr___t

Voca in Stories

★ 몇몇 단어들은 문장에서 쓰일 때 형태나 의미가 조금 바뀌기도 해요.

051
- He **break**s 그는 깬다
- He **broke** 그는 깼다

057
- He **like**s 그는 좋아한다
- He **like**d 그는 좋아했다

✏ Fill in the Blanks 다음 글을 읽고 빈칸에 가장 알맞은 단어를 넣어보세요.

1
_____ my friends are coming to my house. We will have pizza together.

2
The puppies are still _____. But now, they are starting to open their eyes! It's so cute!

3
Mark is a _____ student. He listens to the teacher. He studies very hard, too.

4
A desk and a bed are in my _____. I can do my homework and sleep there.

5
It is too hot in Ben's room. He can't go to sleep. He needs a _____.

6
My friend is sitting here. There is a _____ over there. You can sit there.
저쪽에

7
Please be careful with those dishes. Or you will _____ them. Mom will be really angry.
그렇지 않으면

8
Hans _____ pizza. The pizza with meat and cheese is his favorite.

9
I eat dinner _____ 6 o'clock. I don't want to eat late _____ night. It's not healthy.

10
_____ out the window! It's snowing outside! I'm so happy.

Voca Itself

🔷 **Match Spellings & Sounds** 녹음을 듣고 따라 말해보세요.

visit	some	always	dog	never
person	sport	answer	breakfast	present

🔵 **Match Spellings & Meanings** 우리말 뜻이 암기될 때까지 단어를 빈칸에 반복해서 쓰세요.

🎤	061	visit	▷		방문하다; 방문
🎤	062	some	▷		조금, 일부의
🎤	063	always	▷		항상
🎤	064	dog	▷		개
🎤	065	never	▷		결코 ~않다
🎤	066	person	▷		사람
🎤	067	sport	▷		스포츠, 운동
🎤	068	answer	▷		대답; 해답; 대답하다
🎤	069	breakfast	▷		아침 식사
🎤	070	present	▷		선물

🔘 **Link to Sounds!** 다음 단어의 발음에 주의하여 빈칸에 들어갈 철자를 쓰세요.

vi___it   ___ome   alway___   per___on   ___port   pre___ent

Voca in Stories

⭐ 몇몇 단어들은 문장에서 쓰일 때 형태나 의미가 조금 바뀌기도 해요.

061 • He **visits** 그는 방문한다
    • He **visited** 그는 방문했다

🖉 **Fill in the Blanks** 다음 글을 읽고 빈칸에 가장 알맞은 단어를 넣어보세요.

1 Mary works with pets. She helps sick animals. What is her job? Can you guess?

2 This question is very difficult. Tim can't find the right _____ .

3 Jack misses his grandparents. He will _____ them this weekend.

4 My _____ is barking.
짖고 있다
Somebody is at the door. Who is it?

5 Jane opened the birthday _____ from her brother. She loved it.

6 Lucy didn't have _____ this morning. She was very hungry. She was tired, too.
지친

7 Jim's favorite _____ is soccer. He plays soccer with his friends every day.

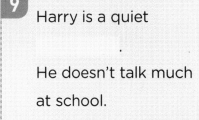

8 Oh, no! The boy dropped his ball into a deep well. He will _____ find it!
우물
What can he do?

9 Harry is a quiet _____ . He doesn't talk much at school.

10 Ben is not hungry now. He ate _____ cookies with his friends. They were delicious.

071~080 words

| | 10 | 20 | 30 | 40 | 50 | 60 | 70 | 80 | 90 | 100 | ▶ |

Voca Itself

🔊 **Match Spellings & Sounds** 녹음을 듣고 따라 말해보세요.

but	buy	party	try	any
bug	of	happy	open	very

Match Spellings & Meanings 우리말 뜻이 암기될 때까지 단어를 빈칸에 반복해서 쓰세요.

🎤	071	but	▷		그러나, 하지만
🎤	072	buy	▷		사다, 사 주다
🎤	073	party	▷		파티
🎤	074	try	▷		노력하다; 해 보다
🎤	075	any	▷		어느, 어떤
🎤	076	bug	▷		벌레
🎤	077	of	▷		~의
🎤	078	happy	▷		행복한
🎤	079	open	▷		열다
🎤	080	very	▷		매우, 아주, 정말

🎧 **Link to Sounds!** 다음 단어의 발음에 주의하여 빈칸에 들어갈 철자를 쓰세요.

bu____   part____   tr____   an____   happ____   ver____

Voca in Stories

⭐ 몇몇 단어들은 문장에서 쓰일 때 형태나 의미가 조금 바뀌기도 해요.

072 • He **bought** 그는 **샀다**   **074** • She **tried** 그녀는 **노력했다**

✏️ **Fill in the Blanks** 다음 글을 읽고 빈칸에 가장 알맞은 단어를 넣어보세요.

1 Tim can't find
_____ pencils
in his bag. He needs
to borrow one.

2 Ben
_____ some roses for
his mother. She loves
flowers. She will be
very happy.

3 Will you come to my birthday
_____? It starts at
4 o'clock tomorrow.

4 My brother watches TV on weekends.
_____ I play sports outside
with my friends.

5 Don't be afraid. It is just a small
_____. It will not bite you.

6 Cathy will go to the amusement park
놀이공원
tomorrow. She is so _____. She loves
the rides.
놀이 기구

7 Can you _____ the
window, please? It is very hot
in here.

8 Look at the colors _____ the rainbow!
It's so pretty! I want to see it more often.

9 It's _____ hot
in summer. On hot
days, many people
go to the beach.
They play in the
water for fun.

10 Please don't give up.
_____ harder.
Practice makes
perfect!

Voca Itself

🔊 **Match Spellings & Sounds** 녹음을 듣고 따라 말해보세요.

cake	practice	do	curious	difficult
calm	dinner	say	still	test

🎙️ **Match Spellings & Meanings** 우리말 뜻이 암기될 때까지 단어를 빈칸에 반복해서 쓰세요.

🎤 081	**cake**	▷		케이크
🎤 082	**practice**	▷		연습하다
🎤 083	**do**	▷		~하다
🎤 084	**curious**	▷		궁금한, 호기심이 많은
🎤 085	**difficult**	▷		어려운
🎤 086	**calm**	▷		고요한, 침착한
🎤 087	**dinner**	▷		저녁 식사
🎤 088	**say**	▷		말하다
🎤 089	**still**	▷		아직도
🎤 090	**test**	▷		시험

🔊 **Link to Sounds!** 다음 단어의 발음에 주의하여 빈칸에 들어갈 철자를 쓰세요.

____ake   pra____ti____e   ____urious   diffi____ult   ____alm

Voca in Stories

정답과 해설 p.4

⭐ 몇몇 단어들은 문장에서 쓰일 때 형태나 의미가 조금 바뀌기도 해요.

082 •She **practice**d 그녀는 **연습했다**   088 •He **said** 그는 **말했다**

083 •She **did** 그녀는 **했다**

🖊 Fill in the Blanks 다음 글을 읽고 빈칸에 가장 알맞은 단어를 넣어보세요.

1
The weather is sunny and clear. The sea is _____, too.
It's a beautiful day.
Let's play outside!

2
Jenny cannot watch TV tonight.
She didn't _____ her homework.

3
"I don't like vegetables very much," the boy _____.
"I want some chocolate!"

4
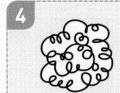
It is math class now. Tim is not happy. Math is very _____ for him.

5
Jennifer is _____ about animals. She wants to know about them.

6
Every day after work, my dad cooks _____ for my family.
He is a great cook.

7
Why are you _____ here?
Your friends are waiting for you outside.
Hurry up!

8
The _____ will start soon.
Don't worry. There are only 5 questions. You will do fine.

9
It's my sister's birthday.
My mom and I will make a chocolate _____ for her.

10
Sara has a singing contest today. She _____ very hard yesterday.

Voca Itself

🎤 **Match Spellings & Sounds** 녹음을 듣고 따라 말해보세요.

true	future	go	hard	luck
lunch	bus	funny	give	just

Match Spellings & Meanings 우리말 뜻이 암기될 때까지 단어를 빈칸에 반복해서 쓰세요.

🎤 091	**true**	▷	사실인
🎤 092	**future**	▷	미래
🎤 093	**go**	▷	가다
🎤 094	**hard**	▷	어려운
🎤 095	**luck**	▷	행운; 운
🎤 096	**lunch**	▷	점심
🎤 097	**bus**	▷	버스
🎤 098	**funny**	▷	재미있는
🎤 099	**give**	▷	주다
🎤 100	**just**	▷	그저, 단지; 막, 방금

🔊 **Link to Sounds!** 다음 단어의 발음에 주의하여 빈칸에 들어갈 철자를 쓰세요.

f___t___re   l___ck   l___nch   b___s   f___nny   j___st

Voca in Stories

정답과 해설 p.5

⭐ 몇몇 단어들은 문장에서 쓰일 때 형태나 의미가 조금 바뀌기도 해요.

093 • He **go**es 그는 간다
     • He **went** 그는 갔다

099 • She **give**s 그녀는 준다
     • She **gave** 그녀는 주었다

Fill in the Blanks 다음 글을 읽고 빈칸에 가장 알맞은 단어를 넣어보세요.

1
Dolphins are not fish.
Is that _____?
But they live in
water! Why is
that? I still don't
understand.

2
It's already noon.
I am very hungry.
What is today's
_____ menu?

3

Good _____, Mary.
You will win the contest.
Don't worry. You practiced hard.

4
Jake loves to read books. He wants to be
a writer in the _____.
What will he write about?

5
My family _____ to a
beach last summer. We had so
much fun there.

6
$\sqrt{\frac{3}{5}} \times \frac{1}{3}$
$\div (2+3)$
$\cdots = ?$
This book is _____. I cannot
understand. I want an easy book.
Do you have another one?

7
Linda made some chocolate at
home. She will _____ it to
her friends tomorrow.

8
Chris is angry with Ben.
But Ben _____ wanted to help him.

9
My brother is very
_____.
His friends laugh at
his jokes.

10
The _____ is
coming soon.
Is Tom ready?
He needs to hurry!

051~100 Review (ON) (OFF)

Test Yourself! 다음 우리말을 뜻하는 영어 단어를 빈칸에 쓰고 아래 표에서 정답을 확인하세요.

051 ~ 060 ▷

1	작은; 약간, 조금	l _ _ _ _ _
2	~에(시간)	_ _
3	자리, 좌석	s _ _ _
4	보다	_ _ _ k
5	깨다; 부러뜨리다	_ _ _ _ _

6	좋은, 훌륭한	_ _ _ _ t
7	방	_ _ _ _
8	선풍기; 부채	_ _ _
9	모든; 모두	_ _ _
10	좋아하다	l _ _ _

/10

061 ~ 070 ▷

1	결코 ~않다	n _ _ _ _
2	사람	_ _ _ _ _ n
3	방문하다; 방문	_ _ _ _ _
4	선물	p _ _ _ _ _ _
5	조금, 일부의	s _ _ _

6	항상	_ _ _ _ _ s
7	스포츠, 운동	s _ _ _ _
8	아침 식사	_ _ _ _ _ _ _ _ t
9	대답; 해답; 대답하다	a _ _ _ _ _
10	개	_ _ _

/10

071 ~ 080 ▷

1	사다, 사 주다	_ _ _
2	어느, 어떤	_ _ _
3	~의	_ _
4	파티	_ _ r _ _
5	행복한	_ _ _ _ _

6	매우, 아주, 정말	v _ _ _
7	벌레	_ _ g
8	노력하다; 해 보다	t _ _
9	그러나, 하지만	_ _ _
10	열다	o _ _ _

/10

081 ~ 090 ▷

1	어려운	_ _ f _ _ _ _ _ _
2	말하다	s _ _
3	~하다	_ _
4	아직도	_ _ _ _ l
5	연습하다	p _ _ _ _ _ _ _

6	궁금한, 호기심이 많은	_ _ _ _ _ _ _
7	저녁 식사	d _ _ _ _ _
8	고요한, 침착한	_ _ l _
9	케이크	_ _ _ _
10	시험	_ _ _ t

/10

091 ~ 100 ▷

1	가다	_ _
2	행운; 운	_ _ _ _
3	사실인	_ _ _ _
4	미래	_ _ _ _ _ _
5	그저, 단지; 막, 방금	_ _ _ t

6	재미있는	_ _ _ _ _
7	어려운	h _ _ _
8	주다	g _ _ _
9	버스	_ _ _
10	점심	_ _ _ _ h

/10

051~100 Review | 정답

051~060	061~070	071~080	081~090	091~100
1 little	1 never	1 buy	1 difficult	1 go
2 at	2 person	2 any	2 say	2 luck
3 seat	3 visit	3 of	3 do	3 true
4 look	4 present	4 party	4 still	4 future
5 break	5 some	5 happy	5 practice	5 just
6 great	6 always	6 very	6 curious	6 funny
7 room	7 sport	7 bug	7 dinner	7 hard
8 fan	8 breakfast	8 try	8 calm	8 give
9 all	9 answer	9 but	9 cake	9 bus
10 like	10 dog	10 open	10 test	10 lunch

Voca Itself

🎤 **Match Spellings & Sounds** 녹음을 듣고 따라 말해보세요.

morning	hungry	wrong	angry	eat
fine	front	in	long	and

Match Spellings & Meanings 우리말 뜻이 암기될 때까지 단어를 빈칸에 반복해서 쓰세요.

🎤			▷		
🎤	101	**morning**	▷		아침
🎤	102	**hungry**	▷		배고픈
🎤	103	**wrong**	▷		틀린, 잘못된
🎤	104	**angry**	▷		화난
🎤	105	**eat**	▷		먹다
🎤	106	**fine**	▷		괜찮은
🎤	107	**front**	▷		앞쪽
🎤	108	**in**	▷		~안에, ~에
🎤	109	**long**	▷		간; 오랫동안
🎤	110	**and**	▷		~와, 그리고

🔊 **Link to Sounds!** 다음 단어의 발음에 주의하여 빈칸에 들어갈 철자를 쓰세요.

morni_____   hu_____ry   wro_____   a_____ry   lo_____

Voca in Stories

⭐ 몇몇 단어들은 문장에서 쓰일 때 형태나 의미가 조금 바뀌기도 해요.

105 • He **eat**s 그는 먹는다
• He ate 그는 먹었다

Fill in the Blanks 다음 글을 읽고 빈칸에 가장 알맞은 단어를 넣어보세요.

1 Is Jake _____ with me? He is not talking to me at all! What did I do wrong?

2 Your answer is _____. It is 25. You wrote 21 here.

3 When giraffes fight, they use their _____ necks. Their necks are very strong.

4 The wolf is very _____. He finds a sheep. And he is ready to hunt!

5 Tom loves chocolate. So he likes chocolate cakes, chocolate ice cream, _____ chocolate chip cookies.

6 There are no seats in the _____. We cannot see the show in the back. What should we do?

7 Tina gets up at seven o'clock in the _____. Then she gets ready for school.
그리고 나서

8 Where did I put the textbook? It is not _____ my bag. I can't remember!

9 Judy was very sick yesterday. She left school early and went to the doctor. She is _____ now.

10 I _____ some bread with fried eggs. I was very full.
달걀 프라이

Voca Itself

🎧 **Match Spellings & Sounds** 녹음을 듣고 따라 말해보세요.

math	thirsty	lazy	mad	something
think	with	late	class	many

Match Spellings & Meanings 우리말 뜻이 암기될 때까지 단어를 빈칸에 반복해서 쓰세요.

🎤 111	**math**	▷		수학
🎤 112	**thirsty**	▷		목마른
🎤 113	**lazy**	▷		게으른
🎤 114	**mad**	▷		(몹시) 화난
🎤 115	**something**	▷		어떤 것, 무엇
🎤 116	**think**	▷		생각하다
🎤 117	**with**	▷		~와 함께
🎤 118	**late**	▷		늦은, 지각한
🎤 119	**class**	▷		반, 학급
🎤 120	**many**	▷		(수가) 많은

🔊 **Link to Sounds!** 다음 단어의 발음에 주의하여 빈칸에 들어갈 철자를 쓰세요.

ma____   ____irsty   some____ing   ____ink   wi____

Voca in Stories

정답과 해설 p.5

⭐ 몇몇 단어들은 문장에서 쓰일 때 형태나 의미가 조금 바뀌기도 해요.

116 • She **think**s 그녀는 **생각한다**
　　　 • She **thought** 그녀는 **생각했다**

📝 **Fill in the Blanks** 다음 글을 읽고 빈칸에 가장 알맞은 단어를 넣어보세요.

1
The ant is working very hard for winter. The grasshopper is
베짱이
so ＿＿＿＿.
He is singing all day.

2
Ben just heard
＿＿＿＿＿＿.
What is out there?
Now, he is scared.
겁을 먹은

3
Jenna lied to her mom. Jenna's mom is ＿＿＿＿ right now.

4

Jane cannot answer the question.
She must ＿＿＿＿ about it.
She needs some time.

5
Today we have a new student.
There are 20 students in my ＿＿＿＿ now.

6
Jane's favorite subject is ＿＿＿＿. She is good with numbers.

7
I am so ＿＿＿＿ right now. Do you have some water?

8
Mary is running to school. She is ＿＿＿＿ right now. Is the gate still open?

9
Tom has ＿＿＿＿ friends. He is kind and funny.
Everyone likes him.
He is very popular.

10
Judy always has lunch ＿＿＿＿ Lisa.
They sit next to each other.

Voca Itself

🎧 **Match Spellings & Sounds** 녹음을 듣고 따라 말해보세요.

not	sure	box	drop	favorite
kind	miss	computer	score	one

🎧 **Match Spellings & Meanings** 우리말 뜻이 암기될 때까지 단어를 빈칸에 반복해서 쓰세요.

🎤 121	not	▷		~ 아니다, ~ 않다
🎤 122	sure	▷		확실한
🎤 123	box	▷		상자
🎤 124	drop	▷		떨어뜨리다
🎤 125	favorite	▷		아주 좋아하는
🎤 126	kind	▷		친절한, 다정한; 종류
🎤 127	miss	▷		그리워하다; 놓치다
🎤 128	computer	▷		컴퓨터
🎤 129	score	▷		점수; 득점하다
🎤 130	one	▷		사람, 물건

🔊 **Link to Sounds!** 다음 단어의 발음에 주의하여 빈칸에 들어갈 철자를 쓰세요.

n___t   b___x   dr___p   c___mputer   ___ne

Voca in Stories

⭐ 몇몇 단어들은 문장에서 쓰일 때 형태나 의미가 조금 바뀌기도 해요.

124 • She **drop**s 그녀는 떨어뜨린다
     • She **drop**ped 그녀는 떨어뜨렸다

✏️ Fill in the Blanks 다음 글을 읽고 빈칸에 가장 알맞은 단어를 넣어보세요.

1
Matt is getting
a chocolate ice cream
cone. Andy is getting
a vanilla _____.
What flavor is Mary
getting?

2
Is this your pencil?
Or is it mine? I am
not _____.

3
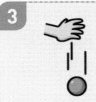
Amy _____ her phone
in water. Now the phone is not
working.

4
Blue is not Ryan's _____ color.
He likes green instead. Most of his things
       대신에   ~의 대부분
are green.

5
The library has a lot of
_____s. People can use
them to find books and study.

6
What is in the _____?
It is so heavy! Let's lift it
together.

7
Wendy is a _____ girl. She always
helps her friends. Everyone likes her.

8
My brother's soccer team won
the game.
The _____ was 4 to 0.

9
Max is _____
12 years old. He is
11 years old.

10
Jenna's uncle
moved to a different
country. She will
_____ him very
much.

Voca Itself

🔵 **Match Spellings & Sounds** 녹음을 듣고 따라 말해보세요.

flower	window	everyone	now	before
classroom	living room	blow	bowl	crown

🔵 **Match Spellings & Meanings** 우리말 뜻이 암기될 때까지 단어를 빈칸에 반복해서 쓰세요.

🎤 131	**flower**	▷		꽃
🎤 132	**window**	▷		창문
🎤 133	**everyone**	▷		모든 사람
🎤 134	**now**	▷		지금, 현재
🎤 135	**before**	▷		~전에
🎤 136	**classroom**	▷		교실
🎤 137	**living room**	▷		거실
🎤 138	**blow**	▷		(바람이) 불다; (입으로) 불다
🎤 139	**bowl**	▷		그릇
🎤 140	**crown**	▷		왕관

🔵 **Link to Sounds!** 다음 단어의 발음에 주의하여 빈칸에 들어갈 철자를 쓰세요.

fl___er   wind___   n___   bl___   b___l   cr___n

Voca in Stories

⭐ 몇몇 단어들은 문장에서 쓰일 때 형태나 의미가 조금 바뀌기도 해요.

138 • He **blow**s 그는 분다
 • He **blew** 그는 불었다

📝 **Fill in the Blanks** 다음 글을 읽고 빈칸에 가장 알맞은 단어를 넣어보세요.

1 It was sunny this morning. But _____, it is raining. It's okay. There is an umbrella in my bag.

2 Jenny is going back to her _____. She forgot her bag. She needs it.

3 John always eats two _____ s of rice. He eats a lot! He will be strong.

4  The _____ is open. Can you close it for me? It's cold here. Thanks.

5 Mike's family spends time in the _____. They talk about school and watch TV together.

6 "_____ you go to bed, brush your teeth," the mother said. "Don't forget!"

7 The queen has a beautiful _____. It has many diamonds.

8 A red rose is my favorite _____. It is so beautiful! What about you?

9 Happy birthday Jenny! Now make a
<u>wish</u> and 소원을 빌다
_____ out your candles.

10 _____ in the room is singing a birthday song to Jenna. She is very happy.

Voca Itself

🎧 **Match Spellings & Sounds** 녹음을 듣고 따라 말해보세요.

okay	ready	need	maybe	fever
age	angel	giant	god	grow

🎙 **Match Spellings & Meanings** 우리말 뜻이 암기될 때까지 단어를 빈칸에 반복해서 쓰세요.

🎤 141	**okay**	▷		괜찮은
🎤 142	**ready**	▷		준비가 된
🎤 143	**need**	▷		~이 필요하다; 필요
🎤 144	**maybe**	▷		어쩌면, 아마
🎤 145	**fever**	▷		열
🎤 146	**age**	▷		나이
🎤 147	**angel**	▷		천사
🎤 148	**giant**	▷		거인
🎤 149	**god**	▷		신
🎤 150	**grow**	▷		자라다, 크다

🔊 **Link to Sounds!** 다음 단어의 발음에 주의하여 빈칸에 들어갈 철자를 쓰세요.

a___e   an___el   ___iant   ___od   ___row

Voca in Stories

⭐ 몇몇 단어들은 문장에서 쓰일 때 형태나 의미가 조금 바뀌기도 해요.

143 ・He **need**s 그는 필요하다   150 ・It **grow**s 그것은 자란다
                                              ・It **grew** 그것은 자랐다

✏ Fill in the Blanks 다음 글을 읽고 빈칸에 가장 알맞은 단어를 넣어보세요.

1
Dinner is _____.
Jenny's mom is
calling Jenny. "Jenny,
it's time for dinner!
Come to the table
now."

2
Where is Jack?
_____ he is in the
bathroom. Let's wait
a minute.

3
Mike is very thirsty.
He _____ some water. He will go
into the kitchen.

4
Cupid is the Roman _____
큐피드   로마의
of love. He looks like a little boy
with wings.

5
This plant is my favorite. It loves
the sun and _____ best
        가장 잘
in cool weather.

6
"Is everything _____?" Sara asked.
"No. I didn't bring my homework.
The teacher will be angry," Ben said.

7
Tom has a bad cold. He has
a _____. He didn't go to school
this morning.

8

Kate is very nice to her friends.
She helps other people, too.
She is an _____.

9
Jane is 11 years old.
Tim is 11 years old,
too. They are the
same _____.
They are in the same
class, too.

10
Matt's teacher is
very tall and strong.
He is like a _____!

101~150 Review (ON) (OFF)

Test Yourself! 다음 우리말을 뜻하는 영어 단어를 빈칸에 쓰고 아래 표에서 정답을 확인하세요.

101 ~ 110 ▷

1	괜찮은	f _ _ _
2	화난	_ _ _ _ y
3	앞쪽	_ _ _ _ _
4	긴; 오랫동안	_ _ _ _
5	아침	m _ _ _ _ _ _

6	틀린, 잘못된	w _ _ _ _ _
7	배고픈	_ _ _ _ _ _
8	~와, 그리고	_ _ d
9	~안에, ~에	_ _
10	먹다	_ _ _

/10

111 ~ 120 ▷

1	게으른	_ _ _ _
2	~와 함께	_ _ _ _
3	목마른	_ _ _ _ _ _ _
4	(수가) 많은	_ _ _ _
5	늦은, 지각한	_ _ _ _

6	생각하다	t _ _ _ _
7	반, 학급	c _ _ _ _
8	수학	m _ _ _
9	어떤 것, 무엇	s _ _ _ _ _ _ _ _
10	(몹시) 화난	_ _ d

/10

121 ~ 130 ▷

1	떨어뜨리다	_ _ _ _
2	점수; 득점하다	s _ _ _ _
3	~ 아니다, ~ 않다	_ _ _
4	컴퓨터	_ _ _ _ _ _ _ _
5	확실한	s _ _ _

6	상자	_ _ _
7	친절한, 다정한; 종류	k _ _ _
8	아주 좋아하는	_ _ _ _ _ _ _ _
9	사람, 물건	o _ _
10	그리워하다; 놓치다	m _ _ _

/10

131 ~ 140 ▷

1	~전에	b _ _ _ _ _
2	(바람이) 불다; (입으로) 불다	b _ _ _
3	꽃	_ _ _ _ _ _
4	그릇	_ _ _ l
5	교실	c _ _ _ _ _ _ _ _

6	창문	w _ _ _ _ _
7	모든 사람	e _ _ _ _ _ _ _
8	왕관	c _ _ _ _
9	지금, 현재	_ _ _
10	거실	l _ _ _ _ _ r _ _ _

/10

141 ~ 150 ▷

1	어쩌면, 아마	m _ _ _ _ _
2	나이	_ _ _
3	괜찮은	o _ _ _
4	거인	g _ _ _ _
5	~이 필요하다; 필요	_ _ _ _

6	준비가 된	_ _ _ _ _
7	천사	_ _ _ _ _
8	신	_ _ _
9	자라다, 크다	_ _ _ w
10	열	f _ _ _ _

/10

101~150 Review | 정답

101~110	111~120	121~130	131~140	141~150
1 fine	1 lazy	1 drop	1 before	1 maybe
2 angry	2 with	2 score	2 blow	2 age
3 front	3 thirsty	3 not	3 flower	3 okay
4 long	4 many	4 computer	4 bowl	4 giant
5 morning	5 late	5 sure	5 classroom	5 need
6 wrong	6 think	6 box	6 window	6 ready
7 hungry	7 class	7 kind	7 everyone	7 angel
8 and	8 math	8 favorite	8 crown	8 god
9 in	9 something	9 one	9 now	9 grow
10 eat	10 mad	10 miss	10 living room	10 fever

Voca Itself

🎧 **Match Spellings & Sounds** 녹음을 듣고 따라 말해보세요.

about	worry	really	study	yet
aloud	background	bean	count	double

Match Spellings & Meanings 우리말 뜻이 암기될 때까지 단어를 빈칸에 반복해서 쓰세요.

🎤 151	about	▷	~에 관한
🎤 152	worry	▷	걱정하다
🎤 153	really	▷	정말로
🎤 154	study	▷	공부하다
🎤 155	yet	▷	아직
🎤 156	aloud	▷	소리 내어
🎤 157	background	▷	배경
🎤 158	bean	▷	콩
🎤 159	count	▷	(수를) 세다
🎤 160	double	▷	두 배

🔊 **Link to Sounds!** 다음 단어의 발음에 주의하여 빈칸에 들어갈 철자를 쓰세요.

ab___t   al___d   backgr___nd   c___nt   d___ble

Voca in Stories

⭐ 몇몇 단어들은 문장에서 쓰일 때 형태나 의미가 조금 바뀌기도 해요.

152 • She **worr**ies 그녀는 걱정한다
• She **worr**ied 그녀는 걱정했다

154 • She **stud**ies 그녀는 공부한다
• She **stud**ied 그녀는 공부했다
• She is **study**ing 그녀는 공부하고 있다

✏️ **Fill in the Blanks** 다음 글을 읽고 빈칸에 가장 알맞은 단어를 넣어보세요.

1 The artist drew
a mountain in the
_____.

The painting is now
very beautiful.

3 Eight is the _____ of four.
What is the _____ of five?
It's ten!

4 Nick is reading a book _____
science. He wants to become a scientist.

2 Jane and her mother
made a chocolate
cake. It is _____
big!

5 Your story is very interesting.
Please read it _____ to the
class.

6 _____ to the number 10. Then you can
start to look for us. 그리고 나서 _____ slowly.
Don't look!

9 Dinner is not ready
_____.

Just wait another
10 minutes.

7 Jane has a test next week.
So, she is _____ very
hard right now in her room.

10 It's five o'clock.
Tim didn't come
home. Tim's mother
is starting to
_____.

8 Tom loves _____ s in his rice.
They are delicious. They are
a healthy food, too!

Voca Itself

🎙 **Match Spellings & Sounds** 녹음을 듣고 따라 말해보세요.

should	finish	tall	teacher	trouble
nice	wash	dish	ship	short

Match Spellings & Meanings 우리말 뜻이 암기될 때까지 단어를 빈칸에 반복해서 쓰세요.

🎙 161	**should**	▷		～해야 한다
🎙 162	**finish**	▷		끝내다, 마치다
🎙 163	**tall**	▷		키가 큰, 높은
🎙 164	**teacher**	▷		선생님
🎙 165	**trouble**	▷		곤경, 문제
🎙 166	**nice**	▷		좋은, 멋진; 친절한
🎙 167	**wash**	▷		씻다
🎙 168	**dish**	▷		접시; 요리
🎙 169	**ship**	▷		배
🎙 170	**short**	▷		짧은, 키가 작은

🔊 **Link to Sounds!** 다음 단어의 발음에 주의하여 빈칸에 들어갈 철자를 쓰세요.

____ould fini____ wa____ di____ ____ip ____ort

Voca in Stories

★ 몇몇 단어들은 문장에서 쓰일 때 형태나 의미가 조금 바뀌기도 해요.

162 • He **finish**es 그는 끝난다
• He **finish**ed 그는 끝냈다

167 • He **wash**es 그는 씻는다
• He **wash**ed 그는 씻었다

Fill in the Blanks 다음 글을 읽고 빈칸에 가장 알맞은 단어를 넣어보세요.

1
You look really _____ with that coat! Is it new? I want to get one just like it.

2
Tim is very _____. Every day, he drinks milk and plays basketball.

3
Please be careful with that _____. It is very hot. Use gloves.

4
Mike is not feeling well. He _____ see a doctor. He needs rest, too. He will be okay soon.
휴식

5
Ben's hands are very dirty. He needs to _____ them.

6
Sam just _____ his homework. Now, he can watch TV. This is the best part of the day.

7
My grandmother traveled to Japan by _____. She is scared of airplanes.

8
A rabbit has a _____ tail. What about a monkey? A monkey has a long tail.

9
Ken is a nice _____. He always helps his students. They all like him.

10
Tom is in _____. He dropped his mother's favorite cup.

Voca Itself

🔷 **Match Spellings & Sounds** 녹음을 듣고 따라 말해보세요.

fair	smart	talk	kitchen	bed
book	chair	air	bird	dirty

Match Spellings & Meanings 우리말 뜻이 암기될 때까지 단어를 빈칸에 반복해서 쓰세요.

🎤	171	**fair**	▷	공정한, 공평한
🎤	172	**smart**	▷	똑똑한
🎤	173	**talk**	▷	말하다
🎤	174	**kitchen**	▷	부엌
🎤	175	**bed**	▷	침대
🎤	176	**book**	▷	책
🎤	177	**chair**	▷	의자
🎤	178	**air**	▷	공기
🎤	179	**bird**	▷	새
🎤	180	**dirty**	▷	더러운

🔊 **Link to Sounds!** 다음 단어의 발음에 주의하여 빈칸에 들어갈 철자를 쓰세요.

fa＿＿＿   cha＿＿＿   a＿＿＿   b＿＿d   d＿＿ty

Voca in Stories

⭐ 몇몇 단어들은 문장에서 쓰일 때 형태나 의미가 조금 바뀌기도 해요.

173 • She **talk**s 그녀는 **말한다**   • She is **talk**ing 그녀는 **말하고 있다**
     • She **talk**ed 그녀는 **말했다**

🖊 **Fill in the Blanks** 다음 글을 읽고 빈칸에 가장 알맞은 단어를 넣어보세요.

1 Tom's shoes are very _____.
He played in the dirt
흙
all day.

2 Jenny's mother is in the _____.
She is cooking dinner for her family. She is a great cook.

3 Most _____s can fly.
They have wings and lay eggs.
알을 낳다

4  Jake stands for a long time.
He wants to sit down. Are there any _____s here?

5 My sister's cake is bigger than mine.
It is not _____! Give me some more, too!

6 This library is very big!
It has many _____s and computers.

7 Mike went to _____ early last night. He was very sleepy.
He is still tired today.
피곤한

8 John is very _____. He knows everything about math. He is good at English, too.

9 Kate is _____ to Jane during class.
Oh, no! The teacher looks angry. She needs to stop it.

10 "I am going back home," the country mouse said. "It is quiet. The _____ is clean, too."

Voca Itself

🔷 **Match Spellings & Sounds** 녹음을 듣고 따라 말해보세요.

wait	cute	desk	name	wall
afraid	brain	fail	mail	train

Match Spellings & Meanings 우리말 뜻이 암기될 때까지 단어를 빈칸에 반복해서 쓰세요.

🎙	181	**wait**	▷	기다리다
🎙	182	**cute**	▷	귀여운
🎙	183	**desk**	▷	책상
🎙	184	**name**	▷	이름
🎙	185	**wall**	▷	벽
🎙	186	**afraid**	▷	무서워하는, 겁내는
🎙	187	**brain**	▷	뇌
🎙	188	**fail**	▷	실패하다
🎙	189	**mail**	▷	우편, 우편물
🎙	190	**train**	▷	기차

🔊 **Link to Sounds!** 다음 단어의 발음에 주의하여 빈칸에 들어갈 철자를 쓰세요.

w___t   afr___d   br___n   f___l   m___l   tr___n

Voca in Stories

⭐ 몇몇 단어들은 문장에서 쓰일 때 형태나 의미가 조금 바뀌기도 해요.

181
- He **wait**s 그는 기다린다
- He **wait**ed 그는 기다렸다

🖊 **Fill in the Blanks** 다음 글을 읽고 빈칸에 가장 알맞은 단어를 넣어보세요.

1
Her ＿＿＿＿＿＿ is Lucy. She is a new student in class 3. Say "hi" to her.

2
Many scientists ＿＿＿＿＿＿. But they think of something <u>better</u> after that.
더 좋은

3

My dad gets a lot of ＿＿＿＿＿＿. Our mailbox is always full.

4
Tom is angry. His little brother <u>spilled</u> water on his ＿＿＿＿＿.
쏟았다
His books are all wet.

5
Is that your family picture on the ＿＿＿＿＿? Who is this girl? Is she your sister?

6
It is 1:50. Ben is running to the station. The ＿＿＿＿＿ leaves at 2 o'clock!

7
Laugh a lot! Your ＿＿＿＿＿ will work better. You will feel better, too.

8
Jane is watching a movie about ghosts. She is very ＿＿＿＿＿. She is covering her eyes with her hands.

9
Oh, look at that puppy! He's so ＿＿＿＿＿. I want to have one. But I can't.

10
The line for the movie was so long. Mike ＿＿＿＿＿ a long time.

Voca Itself

🎙 **Match Spellings & Sounds** 녹음을 듣고 따라 말해보세요.

tired	so	there	early	mistake
busy	hurt	drink	thank	bank

Match Spellings & Meanings 우리말 뜻이 암기될 때까지 단어를 빈칸에 반복해서 쓰세요.

🎙 191	tired	▷	피곤한; 지친
🎙 192	so	▷	너무, 정말; 그래서
🎙 193	there	▷	그곳에[서]
🎙 194	early	▷	일찍
🎙 195	mistake	▷	실수
🎙 196	busy	▷	바쁜
🎙 197	hurt	▷	다치게 하다; 다친
🎙 198	drink	▷	마시다
🎙 199	thank	▷	감사하다
🎙 200	bank	▷	은행

🔊 **Link to Sounds!** 다음 단어의 발음에 주의하여 빈칸에 들어갈 철자를 쓰세요.

dri_____   tha_____   ba_____

Voca in Stories

⭐ 몇몇 단어들은 문장에서 쓰일 때 형태나 의미가 조금 바뀌기도 해요.

197 •He **hurts** 그는 다치게 한다
•He **hurt** 그는 다치게 했다

198 •He **drinks** 그는 마신다
•He **drank** 그는 마셨다

Fill in the Blanks 다음 글을 읽고 빈칸에 가장 알맞은 단어를 넣어보세요.

1
My father likes coffee. He _____ it every day. But I hate the taste.

2
I gave the book to the wrong person. It was my _____. I'm sorry.

3
Tim went to the bookstore. He bought two books _____. He loves reading.

4
Jenny is very _____. She played soccer all day long. She needs a break.
온종일

5
It's _____ hot outside today. I don't want to go out. Let's stay inside.

6
Ben wants to get a new computer. He saves his money at the _____.

7
Jane gets up _____ in the morning. She wakes up at six o'clock.
일어나다

8
Mike _____ his foot. He needs help. Where are his friends?

9
You helped me a lot in the classroom. _____ you. You are the best.

10
Tom is very _____. He cannot answer the phone right now.

151~200 Review (ON) (OFF)

Test Yourself! 다음 우리말을 뜻하는 영어 단어를 빈칸에 쓰고 아래 표에서 정답을 확인하세요.

151 ~ 160 ▷

1	(수를) 세다	_ _ _ _ _
2	걱정하다	w _ _ _ _
3	소리 내어	a _ _ _ _
4	~에 관한	_ _ _ _ _
5	콩	b _ _ _

6	배경	b _ _ _ _ _ _ _ _ _
7	정말로	_ _ _ _ _ _
8	두 배	d _ _ _ _ _
9	아직	_ _ t
10	공부하다	_ _ _ _ _

/10

161 ~ 170 ▷

1	짧은, 키가 작은	_ _ _ _ _ _
2	접시; 요리	d _ _ _
3	~해야 한다	s _ _ _ _ _ _
4	좋은, 멋진; 친절한	n _ _ _
5	끝내다, 마치다	f _ _ _ _ _ _

6	선생님	_ _ _ _ _ _ _
7	키가 큰, 높은	t _ _ _
8	배	_ _ _ p
9	씻다	_ _ _ _
10	곤경, 문제	t _ _ _ _ _ _

/10

171 ~ 180 ▷

1	의자	_ _ _ _ _
2	침대	_ _ _
3	공기	_ _ _
4	공정한, 공평한	f _ _ _
5	더러운	_ _ _ _ _

6	똑똑한	s _ _ _ _
7	말하다	_ _ _ k
8	책	_ _ _ _
9	새	_ _ _ _
10	부엌	_ _ _ _ _ _ _

/10

181 ~ 190 ▷

1	무서워하는, 겁내는	a _ _ _ _ _
2	뇌	_ _ _ _ _
3	기다리다	_ _ _ _
4	이름	_ _ _ _
5	책상	_ _ _ k

6	귀여운	_ _ _ _
7	벽	w _ _ _
8	기차	_ _ _ _ _
9	우편, 우편물	m _ _ _
10	실패하다	_ _ _ _

/10

191 ~ 200 ▷

1	일찍	e _ _ _ _
2	피곤한; 지친	t _ _ _ _
3	다치게 하다; 다친	h _ _ _
4	그곳에[서]	_ _ _ _ _
5	감사하다	t _ _ _ _

6	너무, 정말; 그래서	s _
7	은행	_ _ _ _
8	바쁜	_ _ _ _
9	마시다	d _ _ _ _
10	실수	m _ _ _ _ _ _

/10

151~200 Review | 정답

151~160	161~170	171~180	181~190	191~200
1 count	1 short	1 chair	1 afraid	1 early
2 worry	2 dish	2 bed	2 brain	2 tired
3 aloud	3 should	3 air	3 wait	3 hurt
4 about	4 nice	4 fair	4 name	4 there
5 bean	5 finish	5 dirty	5 desk	5 thank
6 background	6 teacher	6 smart	6 cute	6 so
7 really	7 tall	7 talk	7 wall	7 bank
8 double	8 ship	8 book	8 train	8 busy
9 yet	9 wash	9 bird	9 mail	9 drink
10 study	10 trouble	10 kitchen	10 fail	10 mistake

Voca Itself

🎧 **Match Spellings & Sounds** 녹음을 듣고 따라 말해보세요.

goal	same	nurse	office	playground
pen	play	stay	holiday	may

🎙 **Match Spellings & Meanings** 우리말 뜻이 암기될 때까지 단어를 빈칸에 반복해서 쓰세요.

🎤 201	goal	▷	골, 득점
🎤 202	same	▷	같은
🎤 203	nurse	▷	간호사
🎤 204	office	▷	사무실
🎤 205	playground	▷	운동장; 놀이터
🎤 206	pen	▷	펜
🎤 207	play	▷	놀다, (게임 등을) 하다; (악기를) 연주하다
🎤 208	stay	▷	머무르다
🎤 209	holiday	▷	공휴일, 휴일
🎤 210	may	▷	~해도 좋다

🔊 **Link to Sounds!** 다음 단어의 발음에 주의하여 빈칸에 들어갈 철자를 쓰세요.

pl____ground   pl____   st____   holid____   m____

Voca in Stories

정답과 해설 p.8

⭐ 몇몇 단어들은 문장에서 쓰일 때 형태나 의미가 조금 바뀌기도 해요.

207
- She **play**s 그녀는 논다
- She **play**ed 그녀는 놀았다

208
- She **stay**s 그녀는 머무른다
- She **stay**ed 그녀는 머물렀다

✏️ **Fill in the Blanks** 다음 글을 읽고 빈칸에 가장 알맞은 단어를 넣어보세요.

1
" _____ I go to the bathroom, please?", the boy asked. "Yes, you _____ ," said the teacher.

2
It's snowing outside! Let's _____ in the snow! We can make a snowman.

3

Jenna needs a pencil. But she has only _____ s in her pencil case.

4
My mother works in an _____ . She uses her computer and telephone a lot.

5

Mike scored two _____ s in the game. His team won. Mike was very proud.
자랑스러운

6
On rainy days, Jane likes to _____ home. She doesn't want to get wet. What about you?

7
_____ s do many things at hospitals. They help sick people and doctors, too.

8

Tom is still in the _____ . He needs to come back to class. The lunch break is over now.

9
On _____ s, students do not go to school. They are marked in red 표시되어 있다 on a calendar.

10
Mary is not in the _____ class with Jenna. But they still go home together after school.

Voca Itself

🎙 **Match Spellings & Sounds** 녹음을 듣고 따라 말해보세요.

right	dark	enough	ball	bottle
carrot	laugh	art	fight	high

🎙 **Match Spellings & Meanings** 우리말 뜻이 암기될 때까지 단어를 빈칸에 반복해서 쓰세요.

🎙 211	**right**	▶		오른쪽(의); 옳은
🎙 212	**dark**	▶		어두운
🎙 213	**enough**	▶		충분한; 충분히
🎙 214	**ball**	▶		공
🎙 215	**bottle**	▶		병
🎙 216	**carrot**	▶		당근
🎙 217	**laugh**	▶		(소리 내어) 웃다
🎙 218	**art**	▶		미술
🎙 219	**fight**	▶		싸우다
🎙 220	**high**	▶		높은

🔊 **Link to Sounds!** 다음 단어의 발음에 주의하여 빈칸에 들어갈 철자를 쓰세요.

ri___t   enou___   lau___   fi___t   hi___

Voca in Stories

⭐ 몇몇 단어들은 문장에서 쓰일 때 형태나 의미가 조금 바뀌기도 해요.

217 •They **laugh**ed 그들은 웃었다   **219** •They are **fight**ing 그들은 싸우고 있다
        •They are **laugh**ing 그들은 웃고 있다

✏️ **Fill in the Blanks** 다음 글을 읽고 빈칸에 가장 알맞은 단어를 넣어보세요.

1
We have _____ time. We won't be late. Let's take a break here. I am really tired.

2
It's very _____ outside. You cannot go out.
It's dangerous.

3
Mary's favorite class is _____. She loves drawing and painting.

4

It's very hot today. The man is very thirsty. But his water _____ is empty.
비어 있는

5
Ben kicked the _____.
The goal keeper tried to catch it. But he couldn't.

6

Many kids don't like _____s.
But you can make sweet and delicious juice with this healthy orange vegetable.

7
That mountain is too _____ for us.
We cannot go to the top today.

8
The children are watching a funny TV show. They are _____ out loud.
큰 소리로

9
Oh, no! The boys are _____.
We need to stop them!

10
When you shake hands, always
악수하다
use your _____ hand.

Voca Itself

Match Spellings & Sounds 녹음을 듣고 따라 말해보세요.

easy	fast	fill	dentist	noise
add	coin	oil	point	voice

Match Spellings & Meanings 우리말 뜻이 암기될 때까지 단어를 빈칸에 반복해서 쓰세요.

🎤 221	easy	▷	쉬운
🎤 222	fast	▷	빠른; 빨리
🎤 223	fill	▷	채우다
🎤 224	dentist	▷	치과 의사
🎤 225	noise	▷	시끄러운 소리, 소음
🎤 226	add	▷	더하다, 추가하다
🎤 227	coin	▷	동전
🎤 228	oil	▷	기름; 석유
🎤 229	point	▷	점수
🎤 230	voice	▷	목소리

🎧 **Link to Sounds!** 다음 단어의 발음에 주의하여 빈칸에 들어갈 철자를 쓰세요.

n___se   c__n   ___l   p___nt   v___ce

Voca in Stories

⭐ 몇몇 단어들은 문장에서 쓰일 때 형태나 의미가 조금 바뀌기도 해요.

226 ・He **add**ed 그는 추가했다

🔍 Fill in the Blanks 다음 글을 읽고 빈칸에 가장 알맞은 단어를 넣어보세요.

1
The math quiz was _____.
It did not have any difficult questions.
I got a <u>perfect score</u>.
만점

2
Jim is a _____ runner. Nobody can catch him.

3

There are a lot of _____s in my <u>piggy bank</u>. I save them
돼지 저금통
all. I want to get a new bike!

4
Brooom, Brooom! Beep! Beep!
Weeoo-weeoo! There are many
loud _____s on the road.

5
The water bottle is empty. Where can John _____ it up? He is so thirsty.

6

Jake's teeth <u>hurt</u>. Maybe he ate
아프다
too much candy. He should go
to the _____.

7
Tom _____ too much salt to the soup.
It is very salty now. He cannot eat it.

8
Ben has a very nice _____.
His friends like to listen to
his songs.

9
The red team has
45 _____s. The
blue team has 40
_____s. The red
team is winning.

10
Jane's mother
always cooks with
olive _____.
"It is good for your
body," she said.

Voca Itself

🎙 **Match Spellings & Sounds** 녹음을 듣고 따라 말해보세요.

actually	movie	believe	egg	door
come	piece	cookie	die	field

🎙 **Match Spellings & Meanings** 우리말 뜻이 암기될 때까지 단어를 빈칸에 반복해서 쓰세요.

🎙 231	**actually**	▷		실제로; 사실은
🎙 232	**movie**	▷		영화
🎙 233	**believe**	▷		믿다
🎙 234	**egg**	▷		알; 달걀
🎙 235	**door**	▷		문
🎙 236	**come**	▷		오다
🎙 237	**piece**	▷		한 부분, 조각
🎙 238	**cookie**	▷		쿠키
🎙 239	**die**	▷		죽다
🎙 240	**field**	▷		들판

🔊 **Link to Sounds!** 다음 단어의 발음에 주의하여 빈칸에 들어갈 철자를 쓰세요.

mov___   bel___ve   p___ce   cook___   d___   f___ld

Voca in Stories

정답과 해설 p.9

⭐ 몇몇 단어들은 문장에서 쓰일 때 형태나 의미가 조금 바뀌기도 해요.

233 • She **believes** 그녀는 믿는다

236 • She **came** 그녀는 왔다

239 • It **died** 그것은 죽었다

Fill in the Blanks 다음 글을 읽고 빈칸에 가장 알맞은 단어를 넣어보세요.

1
Can you _____ this story? Maybe you can't, but it's a true story.

2
Jane's plant _____. She didn't <u>water</u> it
물을 주다
enough. It is dry and brown.

3
Kevin will see a _____ at school. There are no classes today. It's the last day of school.

4
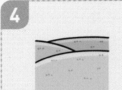
The farmers are working in the _____ now.
They <u>are planting</u> rice.
심고 있다

5
Mom baked chocolate _____ s for the party.
They are very <u>yummy</u>!
아주 맛있는

6
There are 8 of us here. I will cut this cake into 8 _____ s. Everyone can have some.

7

Jim always eats fried _____ s for breakfast. He likes them with bread.

8
The baby is sleeping now.
Open the _____ slowly.

9
"_____, I am not hungry," John said. "I just had some snacks."

10
Tom's aunt _____ here for dinner. She had a great time with Tom's family.

231-240 65

Voca Itself

🎙 **Match Spellings & Sounds** 녹음을 듣고 따라 말해보세요.

know	all right	during	every	knock
after	key	kick	kid	knife

✏️ **Match Spellings & Meanings** 우리말 뜻이 암기될 때까지 단어를 빈칸에 반복해서 쓰세요.

🎙 241	**know**	▷		알다
🎙 242	**all right (=alright)**	▷		괜찮은
🎙 243	**during**	▷		~동안
🎙 244	**every**	▷		모든
🎙 245	**knock**	▷		두드리다, 노크하다
🎙 246	**after**	▷		~후에
🎙 247	**key**	▷		열쇠
🎙 248	**kick**	▷		(발로) 차다
🎙 249	**kid**	▷		아이
🎙 250	**knife**	▷		칼

🔊 **Link to Sounds!** 다음 단어의 발음에 주의하여 빈칸에 들어갈 철자를 쓰세요.

_____ow   _____ock   _____ife

Voca in Stories

⭐ 몇몇 단어들은 문장에서 쓰일 때 형태나 의미가 조금 바뀌기도 해요.

241 • He **know**s 그는 안다   **248** • He **kick**ed 그는 (발로) 찼다

✏ Fill in the Blanks 다음 글을 읽고 빈칸에 가장 알맞은 단어를 넣어보세요.

1 "Shh. Jenna, be quiet. You cannot talk _____ the movie," Mary said.

2 "Jake, what are you doing _____ school? Let's play soccer with class 3," Tom said.

3 Be careful with the _____! It is very sharp. 날카로운 You can get hurt.

4 Jim cannot get in the house now. He lost his _____! 잃어버렸다 Now he just has to wait.

5 There is a fire in the building! _____ person must leave the building now!

6 You don't look well today. Are you feeling _____?

7 Ben _____ the ball very hard. He broke the window. Now he is in trouble!

8 Wait! Don't open the door yet. You should _____ first.

9 My dad _____ everything. I can ask him anything. He always gives the right answer.

10 _____s love Children's Day. There is no school. They get presents from their parents, too!

201~250 Review (ON) (OFF)

🔖 **Test Yourself!** 다음 우리말을 뜻하는 영어 단어를 빈칸에 쓰고 아래 표에서 정답을 확인하세요.

201 ~ 210 ▷

1	같은	_ _ _ _
2	간호사	_ _ _ _ _
3	놀다, (게임 등을) 하다; (악기를) 연주하다	_ _ _ _
4	골, 득점	g _ _ _
5	~해도 좋다	_ _ y

6	펜	_ _ _
7	운동장; 놀이터	p _ _ _ _ _ _ _ _
8	사무실	_ _ _ _ _ _
9	머무르다	_ _ _ _
10	공휴일, 휴일	h _ _ _ _ _ _

/10

211 ~ 220 ▷

1	(소리 내어) 웃다	_ _ _ _ h
2	싸우다	_ _ _ _ _
3	오른쪽(의); 옳은	_ _ _ _ _
4	병	b _ _ _ _ _
5	당근	_ _ r _ _ _

6	어두운	_ _ _ _
7	높은	h _ _ _
8	충분한; 충분히	_ _ _ _ _ _
9	공	_ _ _ _
10	미술	_ _ t

/10

221 ~ 230 ▷

1	동전	_ _ _ _
2	점수	_ _ _ _ _
3	쉬운	_ _ _ y
4	목소리	v _ _ _ _
5	더하다, 추가하다	_ _ d

6	빠른; 빨리	f _ _ _
7	시끄러운 소리, 소음	n _ _ _ _
8	채우다	_ _ _ l
9	치과 의사	_ _ _ _ _ _ _
10	기름; 석유	_ _ _

/10

231 ~ 240 ▷

1	믿다	b _ _ _ _ _ _		6	영화	_ _ _ _ e
2	오다	c _ _ _		7	알; 달걀	_ _ _
3	들판	_ _ _ _ _		8	죽다	_ _ _
4	실제로; 사실은	a _ _ _ _ _ _ _		9	한 부분, 조각	p _ _ _ _
5	쿠키	_ _ _ _ _ _		10	문	_ _ _ _

/10

241 ~ 250 ▷

1	괜찮은	a _ _ r _ _ _ _		6	두드리다, 노크하다	_ _ _ _ k
2	열쇠	_ _ _		7	~동안	d _ _ _ _ _
3	칼	_ _ _ _ _		8	모든	_ _ _ _ y
4	아이	k _ _		9	~후에	a _ _ _ _
5	알다	_ _ _ w		10	(발로) 차다	_ _ _ _

/10

201~250 Review | 정답

201~210	211~220	221~230	231~240	241~250
1 same	1 laugh	1 coin	1 believe	1 all right
2 nurse	2 fight	2 point	2 come	2 key
3 play	3 right	3 easy	3 field	3 knife
4 goal	4 bottle	4 voice	4 actually	4 kid
5 may	5 carrot	5 add	5 cookie	5 know
6 pen	6 dark	6 fast	6 movie	6 knock
7 playground	7 high	7 noise	7 egg	7 during
8 office	8 enough	8 fill	8 die	8 every
9 stay	9 ball	9 dentist	9 piece	9 after
10 holiday	10 art	10 oil	10 door	10 kick

Voca Itself

🔷 **Match Spellings & Sounds** 녹음을 듣고 따라 말해보세요.

hour	hold	honest	act	adult
basket	candy	ghost	hat	heavy

Match Spellings & Meanings 우리말 뜻이 암기될 때까지 단어를 빈칸에 반복해서 쓰세요.

🎤 251	**hour**	▷		1시간
🎤 252	**hold**	▷		(손·팔 등으로) 잡고 [쥐고/들고] 있다
🎤 253	**honest**	▷		정직한; 솔직한
🎤 254	**act**	▷		연기하다; 행동하다
🎤 255	**adult**	▷		어른
🎤 256	**basket**	▷		바구니
🎤 257	**candy**	▷		사탕
🎤 258	**ghost**	▷		유령, 귀신
🎤 259	**hat**	▷		모자
🎤 260	**heavy**	▷		무거운

① **Link to Sounds!** 다음 단어의 발음에 주의하여 빈칸에 들어갈 철자를 쓰세요.

____our   ____old   ____onest   g____ost   ____at   ____eavy

Voca in Stories

정답과 해설 p.10

⭐ 몇몇 단어들은 문장에서 쓰일 때 형태나 의미가 조금 바뀌기도 해요.

252 •He **held** 그는 들고 있었다

254 •She **act**ed 그녀는 연기했다

✏️ Fill in the Blanks 다음 글을 읽고 빈칸에 가장 알맞은 단어를 넣어보세요.

1 Tom _____ a book in his hand. "What is that book about? It looks very interesting," Jason asked.

2 Jane _____ in the school play. She was a princess. She was very good.
연극

3 Kevin has bad teeth. He eats too much _____. He needs to go to the dentist.
충치

4 My parents are _____s and I'm a kid. Sometimes I want to grow up quickly.

5  It is a windy day. The wind blew his _____ off. "Oh, no!" He is running to get his _____.

6 The kids are trying to lift the box. "One, two, three!" The box is so _____. They cannot move it at all.

7  The woman filled her _____ with fruit. She will sell it at the market.

8 My sister knows lots of _____ stories. Hearing them is a little scary, but I really enjoy it!
무서운

9 I started my homework at 5 p.m. and it is 6 o'clock now. I did my homework for an _____.

10 Jenny is an _____ person. She never lies.

Voca Itself

🎧 **Match Spellings & Sounds** 녹음을 듣고 따라 말해보세요.

across	exam	explain	alone	baby
exciting	exercise	exit	fact	famous

Match Spellings & Meanings 우리말 뜻이 암기될 때까지 단어를 빈칸에 반복해서 쓰세요.

🎤 261	**across**	▷	건너서, 가로질러
🎤 262	**exam**	▷	시험
🎤 263	**explain**	▷	설명하다
🎤 264	**alone**	▷	혼자
🎤 265	**baby**	▷	아기
🎤 266	**exciting**	▷	신나는
🎤 267	**exercise**	▷	운동하다
🎤 268	**exit**	▷	출구
🎤 269	**fact**	▷	사실
🎤 270	**famous**	▷	유명한

🔊 **Link to Sounds!** 다음 단어의 발음에 주의하여 빈칸에 들어갈 철자를 쓰세요.

e____am   e____plain   e____citing   e____ercise   e____it

Voca in Stories

★ 몇몇 단어들은 문장에서 쓰일 때 형태나 의미가 조금 바뀌기도 해요.

267 • He **exercise**s 그는 운동한다

Fill in the Blanks 다음 글을 읽고 빈칸에 가장 알맞은 단어를 넣어보세요.

1
"Sit down, please,"
the teacher said.
"I will
the rules of the
game now. Listen
carefully."

2
The amusement park
is an
place. Kids love to go
there and have fun.

3
Mary has two   s next week.
One is math, and the other is science.

4

The bus stop is
from the library. You have to
cross the street.

5
Jane's dad
every morning. He runs along
the river. He is really healthy.

6
Mike's friends are playing soccer outside.
But Mike stays   in the classroom.
He hurt his leg.

7
            animals have their own
names. The   dogs are
puppies.

8

When there is a fire in the building,
please use the   on the left.
Do not use the elevator.

9
Some snakes are
very dangerous.
It's a well-known
잘 알려진
.

10
He is a
baker. His cookies
are very delicious.
Everyone in the town
knows his bakery.

Voca Itself

🔊 **Match Spellings & Sounds** 녹음을 듣고 따라 말해보세요.

sleep	around	better	understand	matter
battery	battle	cotton	letter	sea

Match Spellings & Meanings 우리말 뜻이 암기될 때까지 단어를 빈칸에 반복해서 쓰세요.

🎤 271	**sleep**	▶		자다; 잠
🎤 272	**around**	▶		~의 주위에
🎤 273	**better**	▶		더 좋은, 더 나은
🎤 274	**understand**	▶		이해하다
🎤 275	**matter**	▶		문제, 일
🎤 276	**battery**	▶		건전지, 배터리
🎤 277	**battle**	▶		전투, 싸움
🎤 278	**cotton**	▶		면직물
🎤 279	**letter**	▶		편지
🎤 280	**sea**	▶		바다

🔊 **Link to Sounds!** 다음 단어의 발음에 주의하여 빈칸에 들어갈 철자를 쓰세요.

be___er　ma___er　ba___ery　ba___le　co___on　le___er

Voca in Stories

정답과 해설 p.11

⭐ 몇몇 단어들은 문장에서 쓰일 때 형태나 의미가 조금 바뀌기도 해요.

271 •He **slept** 그는 **잤다**

274 •She **understood** 그녀는 **이해했다**

✏️ **Fill in the Blanks** 다음 글을 읽고 빈칸에 가장 알맞은 단어를 넣어보세요.

1 Jenny cannot _____ the question. She wants to ask her teacher.

2 "Wait! The boots are _____ for rainy days," Mom said. "Don't wear running shoes. They will get wet."

3 Jack feels good this morning. He _____ well last night.

4 The army won the _____. 군대 They can go home now and meet their families.

5 Mary's aunt lives in another country. So, Mary writes a _____ to her every month.

6 My toy car is not working. 작동하는 Maybe it needs a new _____.

7 This shirt is very soft. It is made of 만들어지다 _____.

8 "Which animal is the strongest in the _____?" the teacher asked. Sara said, "The whale!" But Mike said, "No, it is the shark!"

9 There are many trees _____ the house. They are very tall.

10 What is the _____ with Jason? He looks sad. Maybe I should talk to him.

Voca Itself

🎤 **Match Spellings & Sounds** 녹음을 듣고 따라 말해보세요.

delicious	different	elephant	lesson	floor
house	hate	arrive	dolphin	telephone

🔊 **Match Spellings & Meanings** 우리말 뜻이 암기될 때까지 단어를 빈칸에 반복해서 쓰세요.

🎤 281	**delicious**	▷		맛있는
🎤 282	**different**	▷		다른
🎤 283	**elephant**	▷		코끼리
🎤 284	**lesson**	▷		수업
🎤 285	**floor**	▷		바닥; (건물의) 층
🎤 286	**house**	▷		집
🎤 287	**hate**	▷		싫어하다
🎤 288	**arrive**	▷		도착하다
🎤 289	**dolphin**	▷		돌고래
🎤 290	**telephone**	▷		전화기

🔈 **Link to Sounds!** 다음 단어의 발음에 주의하여 빈칸에 들어갈 철자를 쓰세요.

ele____ant   dol____in   tele____one

Voca in Stories

⭐ 몇몇 단어들은 문장에서 쓰일 때 형태나 의미가 조금 바뀌기도 해요.

287 •He **hate**d 그는 싫어했다   288 •He **arrive**d 그는 도착했다

🔵 Fill in the Blanks 다음 글을 읽고 빈칸에 가장 알맞은 단어를 넣어보세요.

1 Ben and Jake have the same shoes. But they are _____ colors. Ben's shoes are black, and Jake's shoes are gray.

2 "Sorry, I have a piano _____ after school," Jenna said. "Maybe next time."

3 The apple pie is very _____. Can I get another piece?

4 "The _____ is ringing," Mom said. "Mary, can you answer the phone? I am busy now."

5 Lucy dropped her mirror on the _____. It is broken now. She needs to clean the _____.

6 My favorite animal is the _____. But there are not many left in the 남아있는 sea.

7 Mike's family moved to a new _____ last week. Now, he has his own room.

8 _____s have a long nose. They use their nose to drink and eat.

9 I _____ rainy days. When it rains, I can't play outside.

10 Jane's father is coming home from his business trip. 출장 He will _____ home soon.

Voca Itself

🔷 **Match Spellings & Sounds** 녹음을 듣고 따라 말해보세요.

market	lot	remember	loud	advise
bell	map	meat	poem	restroom

Match Spellings & Meanings 우리말 뜻이 암기될 때까지 단어를 빈칸에 반복해서 쓰세요.

291	**market**	▷		시장
292	**lot**	▷		(수·양이) 많음 *a lot of 많은
293	**remember**	▷		기억하다
294	**loud**	▷		소리가 큰, 시끄러운
295	**advise**	▷		조언하다, 충고하다
296	**bell**	▷		종, 벨
297	**map**	▷		지도
298	**meat**	▷		고기
299	**poem**	▷		시
300	**restroom**	▷		화장실

🔊 **Link to Sounds!** 다음 단어의 발음에 주의하여 빈칸에 들어갈 철자를 쓰세요.

____arket　　re____e____ber　　____ap　　____eat　　poe____　　restroo____

Voca in Stories

⭐ 몇몇 단어들은 문장에서 쓰일 때 형태나 의미가 조금 바뀌기도 해요.

293 ·He **remember**s 그는 기억한다   295 ·He **advise**d 그는 조언했다

🔵 **Fill in the Blanks** 다음 글을 읽고 빈칸에 가장 알맞은 단어를 넣어보세요.

1 "Shh. You are in the library," Kate said. "You cannot talk out here."

2 The doctor _____ Tim, "Take some rest. You should drink a lot of warm water, too. You will get better."

3 My mom makes the best soup in the world. She adds vegetables and _____, like chicken or beef.

4 Jane has a _____ of friends. Everyone wants to be friends with her. She is popular.

5 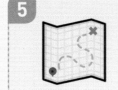 "Where are we?" Tom asked. "There is a _____ over there. Let's take a look," John said.

6 Where is the _____ here? I need to wash my hands. My hands are dirty.

7 The door _____ rang. "The pizza is here!" Jake opened the door. But it was his brother.

8 Amy's parents go to the _____ every weekend. They can buy fresh fruit and vegetables there.

9 Paul read his _____ aloud in class. Everyone loved it. "Good job, Paul," the teacher said.

10 Mike has a good memory. He _____ people's names very well.

251~300 Review   (ON) (OFF)

Test Yourself! 다음 우리말을 뜻하는 영어 단어를 빈칸에 쓰고 아래 표에서 정답을 확인하세요.

251 ~ 260 ▷

1	(손·팔 등으로) 잡고 [쥐고/들고] 있다	h _ _ _
2	모자	_ _ t
3	유령, 귀신	_ _ _ _ _
4	정직한; 솔직한	_ _ _ _ _ t
5	어른	a _ _ _ _ _

6	1시간	_ _ _ r
7	사탕	_ _ _ _ _
8	바구니	b _ _ _ _ _
9	무거운	_ _ _ _ _
10	연기하다; 행동하다	_ _ _

/10

261 ~ 270 ▷

1	시험	_ _ _ m
2	사실	f _ _ _
3	출구	e _ _ _
4	설명하다	_ _ _ _ _ _ _
5	신나는	e _ _ _ _ _ _ _

6	혼자	_ _ _ _ e
7	건너서, 가로질러	a _ _ _ _ _
8	유명한	_ _ _ _ _ _
9	운동하다	_ _ _ _ _ _ _ _
10	아기	_ _ _ _

/10

271 ~ 280 ▷

1	건전지, 배터리	_ _ _ _ _ _ _
2	~의 주위에	a _ _ _ _ _
3	바다	s _ _
4	문제, 일	m _ _ _ _ _
5	자다; 잠	_ _ _ _ _

6	이해하다	_ _ _ _ r _ _ _ _ _ _
7	편지	l _ _ _ _ _
8	더 좋은, 더 나은	_ _ _ _ _ _
9	면직물	c _ _ _ _ _ _
10	전투, 싸움	b _ _ _ _ _ _

/10

281 ~ 290 ▷

1	돌고래	_ _ _ _ _ _ n	6	바닥; (건물의) 층	_ _ _ _ _
2	맛있는	d _ _ _ _ _ _ _ _	7	수업	_ _ _ _ _ n
3	전화기	t _ _ _ _ _ _ _ _	8	집	h _ _ _ _
4	다른	_ _ _ _ _ _ _ _ _	9	도착하다	a _ _ _ _ _
5	싫어하다	h _ _ _	10	코끼리	_ _ _ _ _ _ _ _

/10

291 ~ 300 ▷

1	조언하다, 충고하다	a _ _ _ _ _	6	종, 벨	_ _ _ _
2	시	_ _ _ _	7	고기	_ _ _ t
3	시장	m _ _ _ _ _	8	소리가 큰, 시끄러운	l _ _ _
4	지도	_ _ _	9	화장실	r _ _ _ _ _ _ _
5	(수·양이) 많은	l _ _	10	기억하다	_ _ _ _ _ _ _ _

/10

251~300 Review | 정답

251~260	261~270	271~280	281~290	291~300
1 hold	1 exam	1 battery	1 dolphin	1 advise
2 hat	2 fact	2 around	2 delicious	2 poem
3 ghost	3 exit	3 sea	3 telephone	3 market
4 honest	4 explain	4 matter	4 different	4 map
5 adult	5 exciting	5 sleep	5 hate	5 lot
6 hour	6 alone	6 understand	6 floor	6 bell
7 candy	7 across	7 letter	7 lesson	7 meat
8 basket	8 famous	8 better	8 house	8 loud
9 heavy	9 exercise	9 cotton	9 arrive	9 restroom
10 act	10 baby	10 battle	10 elephant	10 remember

Voca Itself

🎲 **Match Spellings & Sounds** 녹음을 듣고 따라 말해보세요.

food	eraser	between	meet	feel
date	beef	deep	safe	war

✏️ **Match Spellings & Meanings** 우리말 뜻이 암기될 때까지 단어를 빈칸에 반복해서 쓰세요.

🎤 301	**food**	▷		음식
🎤 302	**eraser**	▷		지우개
🎤 303	**between**	▷		사이에, 중간에
🎤 304	**meet**	▷		만나다
🎤 305	**feel**	▷		느끼다
🎤 306	**date**	▷		날짜
🎤 307	**beef**	▷		소고기
🎤 308	**deep**	▷		깊은
🎤 309	**safe**	▷		안전한
🎤 310	**war**	▷		전쟁

🔗 **Link to Sounds!** 다음 단어의 발음에 주의하여 빈칸에 들어갈 철자를 쓰세요.

betw___n   m___t   f___l   b___f   d___p

Voca in Stories

정답과 해설 p.12

⭐ 몇몇 단어들은 문장에서 쓰일 때 형태나 의미가 조금 바뀌기도 해요.

304 •He met 그는 만났다

305 •He felt 그는 느꼈다

📝 **Fill in the Blanks** 다음 글을 읽고 빈칸에 가장 알맞은 단어를 넣어보세요.

1
Don't cross the
street at a red light.
It is not _____ .

3
Susan is standing behind Ben.
Ben is standing behind Andy. Ben
is _____ Susan and Andy.

4
"Do you want chicken or
_____ ?" Tom's mom asked.
" _____ . It's my favorite!"

2
"Amy, let's _____
at five o'clock,
okay?" Mike said.
"Okay. I will see you
then," Amy said.
<u>그때</u>

5
"What is today's _____ ?"
Kate answered, "It's June 10th. It's Jim's
birthday tomorrow."

6
Sara is in the market with her
mother. People sell _____ ,
shoes, and clothes there.

7
"I wrote the answer in the wrong
place. Do you have an _____ ?"
Tim asked. "Here you are," Mary said.

8
The water is not very _____ .
The animals can walk across the river.
But be careful. <u>Crocodiles</u> are in the water!
악어

9
My grandfather hurt
his leg in a _____ .
Now, he cannot walk
well. He uses a <u>cane</u>.
지팡이

10
Ben _____ very
sleepy and tired
after lunch.
He really wanted to
<u>take a nap</u>.
낮잠을 자다

Voca Itself

🎙 **Match Spellings & Sounds** 녹음을 듣고 따라 말해보세요.

soccer	vegetable	begin	accent	accident
ugly	wish	without	word	young

✏️ **Match Spellings & Meanings** 우리말 뜻이 암기될 때까지 단어를 빈칸에 반복해서 쓰세요.

🎙	311	soccer	▷	축구
🎙	312	vegetable	▷	채소
🎙	313	begin	▷	시작하다
🎙	314	accent	▷	악센트, 강세
🎙	315	accident	▷	사고
🎙	316	ugly	▷	못생긴
🎙	317	wish	▷	소원; 원하다, 바라다
🎙	318	without	▷	~없이
🎙	319	word	▷	낱말, 단어
🎙	320	young	▷	젊은, 어린

🔊 **Link to Sounds!** 다음 단어의 발음에 주의하여 빈칸에 들어갈 철자를 쓰세요.

so____er   a____ent   a____ident

Voca in Stories

정답과 해설 p.12

★ 몇몇 단어들은 문장에서 쓰일 때 형태나 의미가 조금 바뀌기도 해요.

313 • He **begin**s 그는 시작한다   317 • He **wish**es 그는 바란다

Fill in the Blanks 다음 글을 읽고 빈칸에 가장 알맞은 단어를 넣어보세요.

1
"Is everyone _____ in the class today?" the teacher asked. "Okay, let's _____ today's lesson now."

2
Where is the _____ in 'forget'? — It is on the second syllable, for-GET.
음절

3
My mother makes juice with fruit and _____ s every day. It tastes so good.

4

Chris kicked the ball in the goal. The team scored a point. They won this _____ match. Chris wants to be a _____ player.

5
Jack's new teacher looks very _____. How old is she?

6
"You are _____," the ducklings said. But later the little bird becomes a beautiful swan.
오리 새끼

7
"Now," says the genie, "you have one more _____, Ben." "My last _____ is for my family's happiness!" says Ben.
램프의 요정 지니

8

My uncle was hurt in a car _____. He is in the hospital now. I will visit him today.

9
Go _____ me. I have to stay home. I didn't finish my homework yet.

10
Jenny has an English _____ test tomorrow. She has to study 30 _____ s for the test.

Voca Itself ···

🔊 **Match Spellings & Sounds** 녹음을 듣고 따라 말해보세요.

question	vacation	hurry	bat	beach
condition	dictionary	dream	nation	top

🔊 **Match Spellings & Meanings** 우리말 뜻이 암기될 때까지 단어를 빈칸에 반복해서 쓰세요.

🎤	321	**question**	▶		질문
🎤	322	**vacation**	▶		방학
🎤	323	**hurry**	▶		서두르다
🎤	324	**bat**	▶		방망이
🎤	325	**beach**	▶		해변
🎤	326	**condition**	▶		상태
🎤	327	**dictionary**	▶		사전
🎤	328	**dream**	▶		꿈; 꿈꾸다
🎤	329	**nation**	▶		국가
🎤	330	**top**	▶		맨 위, 꼭대기

🔊 **Link to Sounds!** 다음 단어의 발음에 주의하여 빈칸에 들어갈 철자를 쓰세요.

ques_____   vaca_____   condi_____   dic_____ary   na_____

Voca in Stories

정답과 해설 p.12

⭐ 몇몇 단어들은 문장에서 쓰일 때 형태나 의미가 조금 바뀌기도 해요.

323
- She **hurries** 그녀는 서두른다
- She **hurried** 그녀는 서둘렀다

✏ Fill in the Blanks 다음 글을 읽고 빈칸에 가장 알맞은 단어를 넣어보세요.

1
"Mexico is a _____ in North America," the teacher said. "This will be on a quiz tomorrow. Remember this."

2
Last night, Tom had a great _____. He was flying. He didn't want to wake up.

3
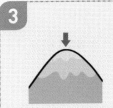
"Dad, can we take a break here?"
"Come on, son. At the _____ of the mountain, we can see a beautiful sunrise."

4
_____ up! There is not enough time. We will be late for the movie.

5
The children are at the _____. They play in the water. They build sandcastles, too.

6

"What does this word mean?" Kate asked. "I am not sure. Let's look it up in the _____," Mike said.

7
I have a _____. What is the name of this flower? It is so beautiful.

8
Let's play baseball after school. I have a baseball and a glove. Do you have a _____?

9
My dad's car is not in good _____. He cannot drive it to work. He needs to fix it.

10
Diana will stay in Hawaii during her summer _____ this year. She is very excited.

Voca Itself

🎧 **Match Spellings & Sounds** 녹음을 듣고 따라 말해보세요.

fun	quickly	quiz	while	back
difference	borrow	ask	quiet	queen

🎤 **Match Spellings & Meanings** 우리말 뜻이 암기될 때까지 단어를 빈칸에 반복해서 쓰세요.

🎙 331	**fun**	▷		재미; 재미있는
🎙 332	**quickly**	▷		빠르게
🎙 333	**quiz**	▷		시험
🎙 334	**while**	▷		~하는 동안
🎙 335	**back**	▷		뒤로
🎙 336	**difference**	▷		차이
🎙 337	**borrow**	▷		빌리다
🎙 338	**ask**	▷		물어보다
🎙 339	**quiet**	▷		조용한
🎙 340	**queen**	▷		여왕

🔊 **Link to Sounds!** 다음 단어의 발음에 주의하여 빈칸에 들어갈 철자를 쓰세요.

_____ickly   _____iz   _____iet   _____een

Voca in Stories

정답과 해설 p.13

⭐ 몇몇 단어들은 문장에서 쓰일 때 형태나 의미가 조금 바뀌기도 해요.

337 • He **borrow**ed 그는 빌렸다   **338** • She **ask**ed 그녀는 물었다

✏️ **Fill in the Blanks** 다음 글을 읽고 빈칸에 가장 알맞은 단어를 넣어보세요.

1
Tom is waiting for the train. Oh! He is standing too close to the tracks. Tom! Step _____ from the tracks.

2
Is she your twin sister? I cannot see the _____. You look the same.

3
Mary has a _____ tomorrow. But she is very sleepy now. Don't fall asleep, Mary!

4
The _____ was really jealous of Snow White. She tried to kill her. So, Snow White ran away from the castle.

~을 질투하는

5

"Did you have _____?" Mom asked. "Yes, I had a great time!" the boy said.

6
Sometimes Jake speaks too _____. His friend tells him, "Slow down. I cannot understand you."

7
"Why does he look so sad?" Jane _____. Tom answered, "His dog is very sick."

8

Kate and Jenny are talking loudly in class. "Be _____," says the teacher. She looks angry.

9
"Don't bother me _____ I am doing my homework," Sam's brother said. "Okay, I'll just wait."

10
This book looks so interesting. Can I _____ it for a few days?

Voca Itself

🎧 **Match Spellings & Sounds** 녹음을 듣고 따라 말해보세요.

bother	bring	game	when	ahead
strong	suddenly	tail	wheel	who

✏️ **Match Spellings & Meanings** 우리말 뜻이 암기될 때까지 단어를 빈칸에 반복해서 쓰세요.

🎤 341	bother	▷		귀찮게 하다
🎤 342	bring	▷		가져오다, 데려오다
🎤 343	game	▷		게임, 경기
🎤 344	when	▷		언제
🎤 345	ahead	▷		앞에, 앞으로
🎤 346	strong	▷		튼튼한, 강한
🎤 347	suddenly	▷		갑자기
🎤 348	tail	▷		꼬리
🎤 349	wheel	▷		바퀴
🎤 350	who	▷		누구

🔊 **Link to Sounds!** 다음 단어의 발음에 주의하여 빈칸에 들어갈 철자를 쓰세요.

_____en _____eel _____o

Voca in Stories

정답과 해설 p.13

⭐ 몇몇 단어들은 문장에서 쓰일 때 형태나 의미가 조금 바뀌기도 해요.

341 •He **bother**s 그는 귀찮게 한다   342 •He **bring**s 그는 가져온다

🖊 **Fill in the Blanks** 다음 글을 읽고 빈칸에 가장 알맞은 단어를 넣어보세요.

1
Nate is playing too
many _____ s
at home. He really
needs to stop now.
His mother will be
angry soon.

2
"Did you _____
my book?" Judy
asked. "Oh, no! I
forgot. I am so sorry."

3

" _____ is she?" Mike asked.
"She is my teacher. She is very nice
to everyone in class," John said.

4
Dad was driving his car. Suddenly, the car
_____ of him stopped! Dad stepped
on the brakes, but he hit the car! Bang!

5
The man lifted the heavy box
with one hand. "Wow, that man is
very _____," the boy said.

6
"Don't _____ me. I want to be alone,"
Jane said. Then, she went to her room.
She locked the door.
　　　　잠갔다

7
The dog is wagging his _____
　　　　　　흔들고 있다
so fast. My dad just came home.
He is happy to see my dad.

8
A bicycle has two _____ s.
A car has four _____ s.
What about a truck?

9
" _____ is Mary's
birthday?" Tim said.
"It's tomorrow.
I will give her a card
tomorrow," Kate told
him.

10
The bus stopped
_____. "Is
everyone okay?"
the driver asked.

301~350 Review (ON) (OFF)

🖊 **Test Yourself!** 다음 우리말을 뜻하는 영어 단어를 빈칸에 쓰고 아래 표에서 정답을 확인하세요.

301 ~ 310 ▷

1	느끼다	_ _ _ _
2	안전한	s _ _ _
3	지우개	_ _ _ _ _ _
4	전쟁	w _ _
5	소고기	b _ _ _

6	사이에, 중간에	_ _ _ _ _ _ _
7	음식	_ _ _ _
8	날짜	_ _ _ e
9	깊은	d _ _ _
10	만나다	m _ _ _

/10

311 ~ 320 ▷

1	시작하다	b _ _ _ _
2	젊은, 어린	y _ _ _ _
3	못생긴	_ _ _ _
4	낱말, 단어	w _ _ _
5	축구	s _ _ _ _ _

6	채소	v _ _ _ _ _ _ _ _
7	사고	_ _ _ _ _ _ _ _
8	소원; 원하다, 바라다	_ _ _ h
9	악센트, 강세	a _ _ _ _ _
10	~없이	_ _ _ _ _ _ t

/10

321 ~ 330 ▷

1	해변	_ _ _ _ h
2	질문	q _ _ _ _ _ _ _
3	맨 위, 꼭대기	_ _ _
4	국가	n _ _ _ _ _
5	방학	v _ _ _ _ _ _ _

6	서두르다	h _ _ _ _
7	사전	_ _ _ _ _ _ _ _ _ _
8	방망이	_ _ _
9	꿈; 꿈꾸다	_ _ _ _ _
10	상태	c _ _ _ _ _ _ _ _

/10

1	시험	q _ _ _
2	빌리다	b _ _ _ _ _
3	여왕	_ _ _ _ _
4	재미; 재미있는	_ _ n
5	물어보다	_ _ _

6	빠르게	q _ _ _ _ _ _
7	조용한	_ _ _ _ t
8	~하는 동안	_ _ _ _ e
9	뒤로	b _ _ _
10	차이	_ _ f _ _ _ _ _ _ _

/10

1	꼬리	_ _ _ _
2	게임, 경기	_ _ _ _
•3	귀찮게 하다	_ _ _ _ _ _
4	바퀴	w _ _ _ _
5	언제	_ _ _ _

6	가져오다, 데려오다	_ _ _ _ g
7	튼튼한, 강한	_ _ _ _ _ _
8	갑자기	_ _ _ _ _ _ _ _
9	누구	_ _ _
10	앞에, 앞으로	a _ _ _ _ _

/10

301~350 Review | 정답

301~310	311~320	321~330	331~340	341~350
1 feel	1 begin	1 beach	1 quiz	1 tail
2 safe	2 young	2 question	2 borrow	2 game
3 eraser	3 ugly	3 top	3 queen	3 bother
4 war	4 word	4 nation	4 fun	4 wheel
5 beef	5 soccer	5 vacation	5 ask	5 when
6 between	6 vegetable	6 hurry	6 quickly	6 bring
7 food	7 accident	7 dictionary	7 quiet	7 strong
8 date	8 wish	8 bat	8 while	8 suddenly
9 deep	9 accent	9 dream	9 back	9 who
10 meet	10 without	10 condition	10 difference	10 ahead

Voca Itself

🎙 **Match Spellings & Sounds** 녹음을 듣고 따라 말해보세요.

student	weekend	advice	umbrella	win
use	board	boat	road	tonight

Match Spellings & Meanings 우리말 뜻이 암기될 때까지 단어를 빈칸에 반복해서 쓰세요.

🎙 351	**student**	▷		학생
🎙 352	**weekend**	▷		주말
🎙 353	**advice**	▷		조언, 충고
🎙 354	**umbrella**	▷		우산
🎙 355	**win**	▷		이기다
🎙 356	**use**	▷		사용하다
🎙 357	**board**	▷		(판자같이 생긴) —판[—대]
🎙 358	**boat**	▷		배, 보트
🎙 359	**road**	▷		도로, 길
🎙 360	**tonight**	▷		오늘 밤

🔊 **Link to Sounds!** 다음 단어의 발음에 주의하여 빈칸에 들어갈 철자를 쓰세요.

b___rd   b___t   r___d

Voca in Stories

정답과 해설 p.14

⭐ 몇몇 단어들은 문장에서 쓰일 때 형태나 의미가 조금 바뀌기도 해요.

355 •He won 그는 이겼다

356 •He used 그는 사용했다

Fill in the Blanks 다음 글을 읽고 빈칸에 가장 알맞은 단어를 넣어보세요.

1 "There will be a full moon _____," the teacher said. "Today, look out the window after dinner."

2 Mike is putting the game _____ on the floor. "Let's play this game. This is so much fun. Come!"

3 Our team has a soccer game today. We will _____ this game and get a <u>trophy</u>. 트로피

4  Do not play on the _____. The cars are moving very fast. It is very dangerous.

5 Do you have plans this _____ ? I have two movie tickets for Sunday. Do you want to come?

6 You can go to the island only by _____. There is no road between here and the island.

7 "Take your _____ with you," Mom said. "It's sunny now. But it will rain in the afternoon."

8 "How many _____ s are there in your class?" Jane asked. "There are 24 of them in my class," Tom said.

9 Tom needs to _____ a computer for his homework. But his brother Jake won't stop playing games.

10 My parents always give me good _____. I listen and take it.

Voca Itself

🎧 **Match Spellings & Sounds** 녹음을 듣고 따라 말해보세요.

bill	bite	build	calendar	car
dollar	far	forward	garden	sugar

🔊 **Match Spellings & Meanings** 우리말 뜻이 암기될 때까지 단어를 빈칸에 반복해서 쓰세요.

🎤	361	**bill**	▷	고지서, 청구서
🎤	362	**bite**	▷	물다
🎤	363	**build**	▷	짓다, 건설하다
🎤	364	**calendar**	▷	달력
🎤	365	**car**	▷	자동차
🎤	366	**dollar**	▷	달러
🎤	367	**far**	▷	먼; 멀리
🎤	368	**forward**	▷	앞으로
🎤	369	**garden**	▷	정원
🎤	370	**sugar**	▷	설탕

🔈 **Link to Sounds!** 다음 단어의 발음에 주의하여 빈칸에 들어갈 철자를 쓰세요.

calend____   c____   doll____   f____   forw____d   g____den   sug____

Voca in Stories

정답과 해설 p.14

⭐ 몇몇 단어들은 문장에서 쓰일 때 형태나 의미가 조금 바뀌기도 해요.

362 • She is **biting** 그녀는 물고 있다
         • She **bit** 그녀는 물었다

Fill in the Blanks 다음 글을 읽고 빈칸에 가장 알맞은 단어를 넣어보세요.

1 Tim, step ____. Here is your award and prize. You did a great job on the singing contest.

2 Jake's brother is calling Jake. But he is too ____ away. He can't hear him.

3  Don't eat too many candies. They have ____ in them. They are bad for your teeth.

4 "You are ____ your nails again. That is not a good habit," Wendy's mom said.

5 "Why is April 8th <u>marked</u> on the 표시된 ____ ?" the boy asked. "It's Uncle Jack's birthday."

6 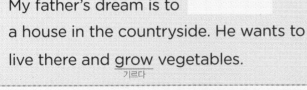 "How much is this ice cream?" the boy asked. The man answered, "It is 4 ____ s."

7 My father's dream is to ____ a house in the countryside. He wants to live there and <u>grow</u> vegetables.
기르다

8 Tom's father is taking a bus to work. His ____ is not working. He needs to fix it.

9 Last summer, the ____ for <u>electricity</u> was too 전기 high. We used the air conditioner a lot.

10 This park has a big ____ . You can see many beautiful trees and flowers there.

Voca Itself ....

🎙 **Match Spellings & Sounds** 녹음을 듣고 따라 말해보세요.

for	corner	bike	able	call
learn	airport	doctor	horse	humor

🔍 **Match Spellings & Meanings** 우리말 뜻이 암기될 때까지 단어를 빈칸에 반복해서 쓰세요.

🎙 371	**for**	▷		~을 위해; ~동안
🎙 372	**corner**	▷		모퉁이, 코너
🎙 373	**bike**	▷		자전거
🎙 374	**able**	▷		~할 수 있는
🎙 375	**call**	▷		전화하다; 부르다
🎙 376	**learn**	▷		배우다
🎙 377	**airport**	▷		공항
🎙 378	**doctor**	▷		의사
🎙 379	**horse**	▷		말
🎙 380	**humor**	▷		유머

🔊 **Link to Sounds!** 다음 단어의 발음에 주의하여 빈칸에 들어갈 철자를 쓰세요.

f____   c___ner   airp___t   doct___   h___se   hum____

Voca in Stories

정답과 해설 p.14

★ 몇몇 단어들은 문장에서 쓰일 때 형태나 의미가 조금 바뀌기도 해요.

376
- She **learn**s 그녀는 배운다
- She is **learn**ing 그녀는 배우고 있다

✏ Fill in the Blanks 다음 글을 읽고 빈칸에 가장 알맞은 단어를 넣어보세요.

1 Tom's sister is _____ to play the piano. She practices every day at home. She wants to be good.

2 My brother has a great sense of _____ . He always tells funny stories.

3 Jane has a problem with her _____ . She can't ride it to school. So, today she has to walk.

4 Jim's uncle has a farm. There are farm animals like hens, pigs, and _____ s. Jim loves it there.

5 Go straight down this street and turn right at the next _____ . You will see a bookstore at the _____ .

6 The airplane for Hawaii will leave at 5 o'clock tomorrow. You have to be at the _____ before 3 o'clock.

7 Jane wants to become a _____ in the future. She wants to help sick children.

8 Lucy likes to _____ her friends. They talk on the telephone about everything.

9 He broke his leg 다리가 부러졌다 last year. Now, he is _____ to walk. He can play soccer with us now.

10 I made a birthday card _____ my mom. I wrote 'I love you.' on the card.

Voca Itself

🎙 **Match Spellings & Sounds** 녹음을 듣고 따라 말해보세요.

inside	memory	live	line	love
picture	adventure	gesture	nature	temperature

Match Spellings & Meanings 우리말 뜻이 암기될 때까지 단어를 빈칸에 반복해서 쓰세요.

🎙 381	inside	▷		~ 안쪽에
🎙 382	memory	▷		기억
🎙 383	live	▷		살다
🎙 384	line	▷		선; 줄
🎙 385	love	▷		사랑하다; 정말 좋아하다
🎙 386	picture	▷		그림; 사진
🎙 387	adventure	▷		모험
🎙 388	gesture	▷		몸짓, 제스처
🎙 389	nature	▷		자연
🎙 390	temperature	▷		온도, 기온

ⓛ **Link to Sounds!** 다음 단어의 발음에 주의하여 빈칸에 들어갈 철자를 쓰세요.

pic_____   adven_____   ges_____   na_____   tempera_____

Voca in Stories

정답과 해설 p.15

★ 몇몇 단어들은 문장에서 쓰일 때 형태나 의미가 조금 바뀌기도 해요.

383 • She **lives** 그녀는 산다   **385** • He **loves** 그는 정말 좋아한다

Fill in the Blanks 다음 글을 읽고 빈칸에 가장 알맞은 단어를 넣어보세요.

1 Kate has a wonderful _____ about her trip. She had so much fun with her family.

2 My friend Judy _____ in Busan. So it takes 3 hours by KTX from Seoul.

3 Mike goes camping every month. He enjoys _____. There are stars and fresh air.

4 The train is coming. You have to stand behind the yellow _____. Don't get too close.

5 "Mom, look at this _____ of my class," the girl said. Mom said, "Oh, you are here!"

6 In class, you raise your hand like this. You use that _____ when you wish to speak.

7 Jake _____ to go fishing with his dad. They always have a great time together.

8 Tim is not feeling good. The doctor checks Tim's _____. His fever is almost 39°C.

9 It will rain soon. It is very dark and cloudy. Let's go _____ the house.

10 One day, Ben leaves for an _____ with his friends. They're looking for hidden treasures!
숨겨진 보물

381-390 101

Voca Itself

🧊 **Match Spellings & Sounds** 녹음을 듣고 따라 말해보세요.

else	bag	clean	behind	boy
A.M./a.m.	bomb	climb	clock	club

Match Spellings & Meanings 우리말 뜻이 암기될 때까지 단어를 빈칸에 반복해서 쓰세요.

🎤 391	else	▶		또 다른, 그 밖의
🎤 392	bag	▶		가방
🎤 393	clean	▶		청소하다
🎤 394	behind	▶		뒤에
🎤 395	boy	▶		남자아이
🎤 396	A.M./a.m.	▶		오전
🎤 397	bomb	▶		폭탄
🎤 398	climb	▶		오르다
🎤 399	clock	▶		시계
🎤 400	club	▶		동아리

🎧 **Link to Sounds!** 다음 단어의 발음에 주의하여 빈칸에 들어갈 철자를 쓰세요.

____ag   ____ehind   ____oy   ____om____   clim____   clu____

Voca in Stories

⭐ 몇몇 단어들은 문장에서 쓰일 때 형태나 의미가 조금 바뀌기도 해요.

393 ·He **clean**s 그는 청소한다   398 ·He **climb**s 그는 오른다

🖊 Fill in the Blanks 다음 글을 읽고 빈칸에 가장 알맞은 단어를 넣어보세요.

1 You should ask someone _____. I don't know the answer.

2 Jake likes to _____ mountains. He loves the fresh air at the top of the mountain.

3 Jason, _____ your room first. Until then, you cannot go out and play.
그때까지

4 My dad always leaves home for work at 8 _____ He takes a bus at 8:15.

5 During the war, planes dropped _____s from the sky. They killed many people.

6 "You have to return this book tomorrow," Wendy's mom said. "Thanks. I almost forgot!" Wendy put it in her _____.

7 The _____ on the wall stopped at 2 o'clock. My watch says it's 3.

8 My friend loves to read books and talk about them. He joined the book _____.

9 Tim is too tall. I don't want to sit _____ him. I cannot see anything.

10 There are 25 students in class 3. Fifteen of the students are _____s.

351~400 Review ⒪ⁿ ⓞff

🖊 **Test Yourself!** 다음 우리말을 뜻하는 영어 단어를 빈칸에 쓰고 아래 표에서 정답을 확인하세요.

351 ~ 360 ▷

1	사용하다	_ _ _	6	(판자같이 생긴) －판[－대]	_ _ _ _ _
2	도로, 길	r _ _ _	7	학생	s _ _ _ _ _ _
3	조언, 충고	a _ _ _ _ _	8	주말	w _ _ _ _ _ _
4	우산	_ _ _ _ _ _ _ _	9	오늘 밤	_ _ _ _ _ _ _
5	배, 보트	_ _ _ _	10	이기다	_ _ _

/10

361 ~ 370 ▷

1	달력	c _ _ _ _ _ _ _	6	짓다, 건설하다	b _ _ _ _ _
2	먼; 멀리	_ _ _	7	고지서, 청구서	b _ _ _
3	달러	_ _ _ _ _ _	8	정원	_ _ _ _ _ _
4	물다	_ _ _ _	9	앞으로	_ _ _ _ _ _ d
5	설탕	_ _ _ _ _	10	자동차	_ _ _

/10

371 ~ 380 ▷

1	~할 수 있는	_ _ _ _	6	자전거	_ _ _ _
2	유머	_ _ _ _ r	7	의사	_ _ _ _ _ _
3	~을 위해; ~동안	_ _ _	8	모퉁이, 코너	_ _ _ _ _ _
4	말	_ _ _ _ _	9	배우다	l _ _ _ _
5	공항	a _ _ _ _ _ _	10	전화하다; 부르다	_ _ _ _

/10

381 ~ 390 ▷

1	~ 안쪽에	_ _ _ _ _ e
2	그림; 사진	_ _ _ _ _ _ _
3	온도, 기온	_ _ _ _ _ _ _ _ _ _ _
4	몸짓, 제스처	_ _ _ _ _ _ _
5	살다	_ _ _ _

6	사랑하다; 정말 좋아하다	_ _ v _
7	기억	m _ _ _ _ _
8	선; 줄	_ _ _ _
9	모험	_ _ _ _ _ _ _ _ _
10	자연	_ _ _ _ _ _

/10

391 ~ 400 ▷

1	뒤에	_ _ _ _ _ _
2	남자아이	_ _ _
3	또 다른, 그 밖의	e _ _ _
4	폭탄	_ _ _ b
5	동아리	_ _ _ b

6	청소하다	_ _ _ _ _
7	오전	_ . _ .
8	가방	_ _ _
9	시계	_ _ _ _ _
10	오르다	_ _ _ _ b

/10

351~400 Review | 정답

351~360	361~370	371~380	381~390	391~400
1 use	1 calendar	1 able	1 inside	1 behind
2 road	2 far	2 humor	2 picture	2 boy
3 advice	3 dollar	3 for	3 temperature	3 else
4 umbrella	4 bite	4 horse	4 gesture	4 bomb
5 boat	5 sugar	5 airport	5 live	5 club
6 board	6 build	6 bike	6 love	6 clean
7 student	7 bill	7 doctor	7 memory	7 A.M.[a.m.]
8 weekend	8 garden	8 corner	8 line	8 bag
9 tonight	9 forward	9 learn	9 adventure	9 clock
10 win	10 car	10 call	10 nature	10 climb

Voca Itself

🔊 **Match Spellings & Sounds** 녹음을 듣고 따라 말해보세요.

o'clock	from	milk	walk	animal
make	everything	half	left	library

🎵 **Match Spellings & Meanings** 우리말 뜻이 암기될 때까지 단어를 빈칸에 반복해서 쓰세요.

🎤 401	**o'clock**	▶	~시
🎤 402	**from**	▶	~에서, ~부터
🎤 403	**milk**	▶	우유
🎤 404	**walk**	▶	걷다
🎤 405	**animal**	▶	동물
🎤 406	**make**	▶	만들다
🎤 407	**everything**	▶	모든 것
🎤 408	**half**	▶	반, 2분의 1
🎤 409	**left**	▶	왼쪽(의)
🎤 410	**library**	▶	도서관

🔊 **Link to Sounds!** 다음 단어의 발음에 주의하여 빈칸에 들어갈 철자를 쓰세요.

o'c___ock   mi___k   wa___k   anima___   ha___f   ___eft   ___ibrary

Voca in Stories

⭐ 몇몇 단어들은 문장에서 쓰일 때 형태나 의미가 조금 바뀌기도 해요.

404 • He **walk**s 그는 걷는다   406 • She is **mak**ing 그녀는 만들고 있다

🍎 **Fill in the Blanks** 다음 글을 읽고 빈칸에 가장 알맞은 단어를 넣어보세요.

1
Jane said, "My swimming lesson finishes at 3 _____. How about 4 _____?"

2
Tom _____ to school every morning. It is not far from his house.

3
Cows give _____. It is good for your bones. Drink _____, and you will be strong.

4
Matt loves _____s. When he grows up, he wants to work at a zoo.

5
I go to the _____ often. There are so many interesting books! I love reading.

6
My right arm is hurt. I have to write with
다친
my _____ hand. It is so hard!

7
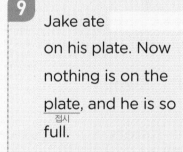
Two is _____ of four. What is _____ of ten? It's five!

8
"Mom, it smells delicious. What is that?" Judy asked. "I'm _____ banana ice cream for you," her mom said.

9
Jake ate _____ on his plate. Now nothing is on the plate, and he is so
접시
full.

10
I live far _____ here. I have to take a bus home.

Voca Itself

🔊 **Match Spellings & Sounds** 녹음을 듣고 따라 말해보세요.

start	listen	lucky	toy	table
trip	menu	story	castle	man

Match Spellings & Meanings 우리말 뜻이 암기될 때까지 단어를 빈칸에 반복해서 쓰세요.

🎤 411	**start**	▷		시작하다
🎤 412	**listen**	▷		귀 기울여 듣다
🎤 413	**lucky**	▷		운이 좋은, 행운의
🎤 414	**toy**	▷		장난감
🎤 415	**table**	▷		테이블, 식탁
🎤 416	**trip**	▷		여행
🎤 417	**menu**	▷		메뉴
🎤 418	**story**	▷		이야기
🎤 419	**castle**	▷		성
🎤 420	**man**	▷		사람, 남자

🔊 **Link to Sounds!** 다음 단어의 발음에 주의하여 빈칸에 들어갈 철자를 쓰세요.

s___ar___   lis___en   ___oy   ___able   ___rip   s___ory   cas___le

Voca in Stories

정답과 해설 p.16

⭐ 몇몇 단어들은 문장에서 쓰일 때 형태나 의미가 조금 바뀌기도 해요.

411 •He **start**s 그는 시작한다

412 •She **listen**s 그녀는 귀 기울여 듣는다

Fill in the Blanks 다음 글을 읽고 빈칸에 가장 알맞은 단어를 넣어보세요.

1
My brother got the last seat for the movie. He was very _____.

2
You need to _____ to the teacher. She will explain about the picnic tomorrow.
설명하다

3
My little brother got a _____ car for his birthday. But he was not happy. He already has the same car.

4
"What do you want for lunch?" Sara asked. "I want to choose from the lunch _____. Here is my favorite food!" Tom said.

5
Mike's family sat around the kitchen _____. They enjoyed dinner.

6
The princess lived in the _____ with the king and the queen. The place was so big. She sometimes got lost.
길을 잃었다

7
Look at that _____ in the store! He is wearing a red shirt and red pants.

8

Hans went on a _____ to China. He visited many interesting places. He had a great time.

9
The match will _____ after school. The kids are very curious. Who will win this time?

10
"Did you like the book?" Mary asked. "I liked it. The _____ is interesting."

Voca Itself

🔷 **Match Spellings & Sounds** 녹음을 듣고 따라 말해보세요.

news	new	near	decide	brush
mirror	girl	free	few	view

🔷 **Match Spellings & Meanings** 우리말 뜻이 암기될 때까지 단어를 빈칸에 반복해서 쓰세요.

🎤 421	**news**	▷	소식, 뉴스
🎤 422	**new**	▷	새, 새로운
🎤 423	**near**	▷	가까이, 가까운
🎤 424	**decide**	▷	결정하다
🎤 425	**brush**	▷	닦다, 솔질하다
🎤 426	**mirror**	▷	거울
🎤 427	**girl**	▷	여자아이
🎤 428	**free**	▷	한가한
🎤 429	**few**	▷	(수가) 거의 없는 *a few 약간의
🎤 430	**view**	▷	경치, 전망

🔵 **Link to Sounds!** 다음 단어의 발음에 주의하여 빈칸에 들어갈 철자를 쓰세요.

n____s   n____   f____   vi____

Voca in Stories

★ 몇몇 단어들은 문장에서 쓰일 때 형태나 의미가 조금 바뀌기도 해요.

424 • He **decide**s 그는 결정한다

425 • She **brush**es 그녀는 솔질한다

Fill in the Blanks 다음 글을 읽고 빈칸에 가장 알맞은 단어를 넣어보세요.

1 Sara has long hair. So, she needs help when she _____ it. "Mom, can you help me with this?"

2 Many stores close on holidays. Only a _____ shops are open.

3 When you are at the top of the mountain, you can enjoy a great _____. You can look over the city.

4 That little _____ loves to sing. She has a beautiful voice.

5  Kate likes to look in the _____. She wants to look nice all the time.

6 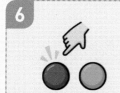 There are too many flavors in the ice cream shop. Tom can't _____. "I like them all."
맛

7 There was big _____ today! John will move to another city next week! No one knew that.

8 My house is _____ here. Do you want to play games at my house?

9 My computer is very slow. I want to have a _____ one.

10 "Are you busy this Friday?" Kate asked. "No, I am _____ that day. Why?" said Tom.

Voca Itself

🔵 **Match Spellings & Sounds** 녹음을 듣고 따라 말해보세요.

mind	haircut	anything	gift	full
gun	hobby	human	pull	push

🔊 **Match Spellings & Meanings** 우리말 뜻이 암기될 때까지 단어를 빈칸에 반복해서 쓰세요.

🎤	431	**mind**	▷	마음, 생각
🎤	432	**haircut**	▷	이발, 머리 깎기
🎤	433	**anything**	▷	아무것, 무엇이든
🎤	434	**gift**	▷	선물
🎤	435	**full**	▷	가득 찬; 배가 부른
🎤	436	**gun**	▷	총
🎤	437	**hobby**	▷	취미
🎤	438	**human**	▷	인간, 사람
🎤	439	**pull**	▷	잡아당기다, 끌어당기다
🎤	440	**push**	▷	밀다

🔵 **Link to Sounds!** 다음 단어의 발음에 주의하여 빈칸에 들어갈 철자를 쓰세요.

hairc___t   f___ll   g___n   h___man   p___ll   p___sh

Voca in Stories

⭐ 몇몇 단어들은 문장에서 쓰일 때 형태나 의미가 조금 바뀌기도 해요.

439 •She **pull**ed 그녀는 잡아당겼다

440 •He **push**ed 그는 밀었다

✏️ **Fill in the Blanks** 다음 글을 읽고 빈칸에 가장 알맞은 단어를 넣어보세요.

1 Wow, that robot looks
so real! It really looks
진짜의
like a _____.
But it's not a real
_____.

2 Mike needs
a _____.
His hair is too long.
It now covers his
eyes.

3 That action movie was so scary.
무서운
In the movie, many people used
_____s.

4 During the soccer game, Mike _____
Tom. He fell to the ground. Mike felt bad.
넘어졌다

5 Oh, wait! I changed my _____.
I will drink some chocolate milk
instead of juice.
~ 대신에

6 Lisa got a _____ from
her friend. It was her birthday
yesterday. She was very happy.

7 My baby sister _____
my ear. It hurt. But she just
wanted to play with me.

8 My father likes to take pictures. That is his
_____. When he is free, he goes out
with his old camera.

9 The mall is having a
Christmas sale this
week. Many people
are coming. The
mall is _____ of
people now.

10 Math is so difficult
for me. I don't
understand
_____ in class.

Voca Itself

🔊 **Match Spellings & Sounds** 녹음을 듣고 따라 말해보세요.

outside	wear	museum	message	fix
year	English	football	earth	heart

🎙 **Match Spellings & Meanings** 우리말 뜻이 암기될 때까지 단어를 빈칸에 반복해서 쓰세요.

🎙 441	outside	▷		밖에, 밖으로
🎙 442	wear	▷		입고[쓰고/끼고/신고] 있다
🎙 443	museum	▷		박물관
🎙 444	message	▷		메시지[메일/문자]
🎙 445	fix	▷		고치다, 수리하다
🎙 446	year	▷		해, 년
🎙 447	English	▷		영어
🎙 448	football	▷		축구
🎙 449	earth	▷		지구
🎙 450	heart	▷		심장; 마음

🔊 **Link to Sounds!** 다음 단어의 발음에 주의하여 빈칸에 들어갈 철자를 쓰세요.

w_____   y_____   _____th   h_____t

Voca in Stories

⭐ 몇몇 단어들은 문장에서 쓰일 때 형태나 의미가 조금 바뀌기도 해요.

442 • She **wear**s 그녀는 입는다   445 • He **fix**es 그는 고친다

✏️ Fill in the Blanks 다음 글을 읽고 빈칸에 가장 알맞은 단어를 넣어보세요.

1 Jane speaks two languages, _____ and Korean. Her mother comes from Korea.

2 I am in fourth grade right now. Next _____, I will be in fifth grade. I really want to grow fast.

3 Mary likes to _____ her coat with a scarf in winter. It keeps her warm.

4 _____ or soccer? It is the same sport. Players run, pass, and kick the ball.

5  "Mom, the computer is not working again," Tom said. Tom's mother said, "Don't worry. Your father can _____ it."

6 We live on the _____. But some people believe in aliens. What about you? Do 외계인 you believe in aliens?

7 This _____ has lots of old paintings. You can learn many things about art history here.

8 Lisa has a warm _____. She likes to help people in need. 어려움에 처한 Many people like her.

9 There are three _____s on Tim's phone. They are all from his mom. Is something wrong?

10 Oh, no. It's raining _____. I didn't bring my umbrella. Maybe I should call my mom.

401~450 Review

Test Yourself! 다음 우리말을 뜻하는 영어 단어를 빈칸에 쓰고 아래 표에서 정답을 확인하세요.

401 ~ 410 ▷

1	동물	_ _ _ _ _ _
2	우유	_ _ _ _
3	도서관	_ _ _ _ _ _ _
4	왼쪽(의)	_ _ _ _
5	모든 것	_ _ _ _ _ _ _ _ g

6	~에서, ~부터	_ _ _ _
7	~시	o' _ _ _ _ _
8	반, 2분의 1	_ _ _ f
9	만들다	_ _ _ _
10	걷다	w _ _ _

/10

411 ~ 420 ▷

1	운이 좋은, 행운의	_ _ _ _ _
2	메뉴	_ _ _ _
3	시작하다	s _ _ _ _ _
4	사람, 남자	m _ _
5	이야기	_ _ _ _ _

6	장난감	_ _ _
7	귀 기울여 듣다	_ _ _ _ _ n
8	여행	t _ _ _
9	성	_ _ _ _ _ _
10	테이블, 식탁	_ _ _ _ _

/10

421 ~ 430 ▷

1	새, 새로운	_ _ _
2	여자아이	_ _ _ _
3	(수가) 거의 없는	f _ _
4	가까이, 가까운	n _ _ _
5	닦다, 솔질하다	_ _ _ _ _

6	결정하다	d _ _ _ _ _
7	소식, 뉴스	_ _ _ _
8	한가한	f _ _ _
9	경치, 전망	_ _ _ w
10	거울	_ _ _ _ _ _

/10

431 ~ 440 ▷

1	이발, 머리 깎기	_ _ _ _ _ _ _
2	총	_ _ _
3	밀다	_ _ _ _
4	취미	h _ _ _ _
5	잡아당기다, 끌어당기다	_ _ _ _

6	아무것, 무엇이든	a _ _ _ _ _ _ _
7	마음, 생각	_ _ _ _
8	가득 찬; 배가 부른	_ _ _ _
9	선물	_ _ _ _
10	인간, 사람	_ _ _ _ _

/10

441 ~ 450 ▷

1	박물관	_ _ _ _ _ _
2	해, 년	_ _ _ _
3	밖에, 밖으로	_ _ t _ _ _ _
4	지구	_ _ _ _ _
5	메시지 [메일/문자]	_ _ _ _ _ _ _

6	고치다, 수리하다	_ _ _
7	영어	_ _ _ _ _ _ _
8	심장; 마음	h _ _ _ _
9	축구	f _ _ _ _ _ _ _
10	입고[쓰고/끼고/ 신고] 있다	_ _ _ _

/10

401~450 Review | 정답

401~410	411~420	421~430	431~440	441~450
1 animal	1 lucky	1 new	1 haircut	1 museum
2 milk	2 menu	2 girl	2 gun	2 year
3 library	3 start	3 few	3 push	3 outside
4 left	4 man	4 near	4 hobby	4 earth
5 everything	5 story	5 brush	5 pull	5 message
6 from	6 toy	6 decide	6 anything	6 fix
7 o'clock	7 listen	7 news	7 mind	7 English
8 half	8 trip	8 free	8 full	8 heart
9 make	9 castle	9 view	9 gift	9 football
10 walk	10 table	10 mirror	10 human	10 wear

Voca Itself

🎙 **Match Spellings & Sounds** 녹음을 듣고 따라 말해보세요.

school	people	under	special	water
teach	watch	shy	headache	rich

✏️ **Match Spellings & Meanings** 우리말 뜻이 암기될 때까지 단어를 빈칸에 반복해서 쓰세요.

🎙 451	**school**	▷		학교
🎙 452	**people**	▷		사람들
🎙 453	**under**	▷		⌒아래에
🎙 454	**special**	▷		특별한
🎙 455	**water**	▷		물
🎙 456	**teach**	▷		가르치다
🎙 457	**watch**	▷		보다, 지켜보다
🎙 458	**shy**	▷		수줍어하는, 부끄러운
🎙 459	**headache**	▷		두통
🎙 460	**rich**	▷		돈 많은, 부자인

🎧 **Link to Sounds!** 다음 단어의 발음에 주의하여 빈칸에 들어갈 철자를 쓰세요.

s____ool   tea____   wat____   heada____e   ri____

Voca in Stories

정답과 해설 p.17

⭐ 몇몇 단어들은 문장에서 쓰일 때 형태나 의미가 조금 바뀌기도 해요.

456 • She **teach**es 그녀는 가르친다

457 • He **watch**es 그는 본다

Fill in the Blanks 다음 글을 읽고 빈칸에 가장 알맞은 단어를 넣어보세요.

1 This place is very famous. Many _____ visit here every day.

2 I feel _____ around new people. But I talk a lot when I am with my friends and my family.

3 My aunt _____ history in school. Sometimes she tells great stories about history. I love to hear them.

4 Jason wants to become _____. With his money, he wants to help poor people.

5 Jim won a gold medal today. His family was very proud of him. It is a _____ day for him.
~을 자랑스러워하는

6 Kate is so thirsty. She ran all day. Now, she is looking for some _____. Where is her bottle?

7 Mike, get up. It's already 8 o'clock. You will be late for _____!

8 Mom, I don't feel good. My head hurts. I have a _____.
아프다

9 Where is my cat Oliver? _____ the table? In the drawer? Oh, she is sleeping _____ my bed.
서랍

10 Tom doesn't like to _____ TV. He likes to go out and play sports instead.

Voca Itself

🎙 **Match Spellings & Sounds** 녹음을 듣고 따라 말해보세요.

read	thing	smile	yes	sad
together	strange	magic	design	sign

Match Spellings & Meanings 우리말 뜻이 암기될 때까지 단어를 빈칸에 반복해서 쓰세요.

🎙 461	**read**	▷	읽다
🎙 462	**thing**	▷	것, 물건, 사물
🎙 463	**smile**	▷	미소 짓다; 미소
🎙 464	**yes**	▷	네, 응, 그래
🎙 465	**sad**	▷	슬픈
🎙 466	**together**	▷	함께, 같이
🎙 467	**strange**	▷	이상한
🎙 468	**magic**	▷	마술
🎙 469	**design**	▷	디자인
🎙 470	**sign**	▷	표지판

🔊 **Link to Sounds!** 다음 단어의 발음에 주의하여 빈칸에 들어갈 철자를 쓰세요.

to___ether   stran___e   ma___ic   desi___n   si___n

Voca in Stories

★ 몇몇 단어들은 문장에서 쓰일 때 형태나 의미가 조금 바뀌기도 해요.

463　•She **smile**s 그녀는 미소 짓는다
　　　•She **smile**d 그녀는 미소 지었다

✏ Fill in the Blanks 다음 글을 읽고 빈칸에 가장 알맞은 단어를 넣어보세요.

1
I love that new car.
I like the _____
and the color of
the car.

2
Judy heard a
_____ sound
from the kitchen.
What was that
sound? She was
a little scared.
　　　겁을 먹은

3
The new student was very
nervous. But the teacher
_____ at him. He felt better.

4
The _____ show was very
interesting. Many birds came out
of the magician's small hat.
　　　　　　　　마술사

5
"The _____ says, 'Do not
enter'," Tim said. "We can't go in.
Let's go back," said Wendy.

6
Clean your room now. Your _____s
are everywhere on the floor and your bed.

7
"Did you _____ this
book?" Eric asked. "I did. It's
very interesting. You will like it,
too," Jake answered.

8
Sara is so _____. She lost
　　　　　　　　　　　　잃어버렸다
her dog. She looked everywhere.
But she couldn't find him.

9
"Is John coming to
the party?" Tom
asked. "_____,
he is. He will be here
soon," said Mary.

10
Jim and Mike
do everything
_____.
They eat and play
with each other.

Voca Itself

🎤 **Match Spellings & Sounds** 녹음을 듣고 따라 말해보세요.

sick	someone	snack	shoe	to
become	crazy	dress	drive	pretty

Match Spellings & Meanings 우리말 뜻이 암기될 때까지 단어를 빈칸에 반복해서 쓰세요.

🎤 471	**sick**	▷	아픈
🎤 472	**someone**	▷	어떤 사람, 누구
🎤 473	**snack**	▷	간식
🎤 474	**shoe**	▷	신발
🎤 475	**to**	▷	~쪽으로; ~에게
🎤 476	**become**	▷	~이 되다
🎤 477	**crazy**	▷	미친
🎤 478	**dress**	▷	드레스, 원피스
🎤 479	**drive**	▷	운전하다
🎤 480	**pretty**	▷	예쁜

⬆ **Link to Sounds!** 다음 단어의 발음에 주의하여 빈칸에 들어갈 철자를 쓰세요.

c___azy   d___ess   d___ive   p___etty

Voca in Stories

⭐ 몇몇 단어들은 문장에서 쓰일 때 형태나 의미가 조금 바뀌기도 해요.

476 • She **became** 그녀는 ~이 되었다   **479** • He **drive**s 그는 운전한다

✏ Fill in the Blanks 다음 글을 읽고 빈칸에 가장 알맞은 단어를 넣어보세요.

1
There is _____ at the door. You may not open the door yet. You need to check first.

아직

2
Jane likes to sing and dance. She wants to _____ a singer.

3
My grandfather is _____. He has a cold. I have to take him to the doctor after school.

4

The kids can have their _____ at 3 o'clock. It is only 2. They have to wait.

5
"Mary, you look so cute in that _____." But Mary was not happy. She wanted to wear pants.

6
My dad is a good driver. He always _____ safely. He stops at red lights and never _____ too fast.

7

Mike is ready to go out. He is putting his _____s on at the door.

8
That man over there is not _____. He is just different from us.

9
"This is my family picture," Jenny said. "Is she your little sister? She is so _____," said Lisa.

10
I went _____ the bakery with my mother. We bought cake for my dad.

Voca Itself

🔵 **Match Spellings & Sounds** 녹음을 듣고 따라 말해보세요.

on	no	surprise	return	often
music	address	cap	church	curtain

🔵 **Match Spellings & Meanings** 우리말 뜻이 암기될 때까지 단어를 빈칸에 반복해서 쓰세요.

🎤 481	**on**	▷	~위에
🎤 482	**no**	▷	어떤 ~도 없는; 아니(요)
🎤 483	**surprise**	▷	놀라게 하다
🎤 484	**return**	▷	돌아오다[가다]; 돌려주다
🎤 485	**often**	▷	자주, 종종
🎤 486	**music**	▷	음악
🎤 487	**address**	▷	주소
🎤 488	**cap**	▷	모자
🎤 489	**church**	▷	교회
🎤 490	**curtain**	▷	커튼

🔵 **Link to Sounds!** 다음 단어의 발음에 주의하여 빈칸에 들어갈 철자를 쓰세요.

s____prise   ret____n   ch____ch   c____tain

Voca in Stories

⭐ 몇몇 단어들은 문장에서 쓰일 때 형태나 의미가 조금 바뀌기도 해요.

483 · She **surprise**s 그녀는 놀라게 한다   484 · He **return**ed 그는 돌아왔다

✏️ **Fill in the Blanks** 다음 글을 읽고 빈칸에 가장 알맞은 단어를 넣어보세요.

1 We want to _____ Jake. So, we will hide behind the door. When he comes in, we will say, "Happy birthday!"

2 Tom's dad just _____ home from China. He stayed in China for work.

3 Jake's family goes to _____ every Sunday. They believe in God.

4 Kate visits her grandmother _____.
She loves to <u>spend time</u> with her.
시간을 보내다

5 It will be very hot and sunny.
You have to wear a _____.
Or you will get <u>sunburned</u>.
햇볕에 심하게 탄

6 You need to write the _____ here.
So we can mail the letter to the right place.

7 The _____ is too loud.
Can you <u>turn it down</u>? I cannot
소리를 낮추다
watch TV.

8 It is 9 o'clock in the morning. But Jane is closing the _____.
She wants to sleep more.

9 Kate is so thirsty now. She finds her water bottle _____ the table. But it's empty. She needs to fill it up.

10 I have _____ homework today. So, my friends and I will play after school.

Voca Itself

🎙 **Match Spellings & Sounds** 녹음을 듣고 따라 말해보세요.

pizza	piano	solve	choose	team
minute	space	captain	certain	mountain

Match Spellings & Meanings 우리말 뜻이 암기될 때까지 단어를 빈칸에 반복해서 쓰세요.

🎙 491	**pizza**	▷		피자
🎙 492	**piano**	▷		피아노
🎙 493	**solve**	▷		(문제 등을) 풀다; 해결하다
🎙 494	**choose**	▷		선택하다, 고르다
🎙 495	**team**	▷		팀
🎙 496	**minute**	▷		(시간) 분
🎙 497	**space**	▷		공간
🎙 498	**captain**	▷		선장
🎙 499	**certain**	▷		확실한
🎙 500	**mountain**	▷		산

🔊 **Link to Sounds!** 다음 단어의 발음에 주의하여 빈칸에 들어갈 철자를 쓰세요.

cap_____   cer_____   moun_____

Voca in Stories

⭐ 몇몇 단어들은 문장에서 쓰일 때 형태나 의미가 조금 바뀌기도 해요.

493 •He **solve**d 그는 풀었다   494 •She **chose** 그녀는 **선택했다**

📝 **Fill in the Blanks** 다음 글을 읽고 빈칸에 가장 알맞은 단어를 넣어보세요.

1
"Is three the correct answer?" Tom asked. "Yes, I am _____. The teacher told me," said Kate.

3
"What kind of _____ do you want?" Mom asked. "Lots of cheese, please," Tom said.

4
Peter Pan is in danger. _____ Hook is very mad. Hide, Peter Pan! He is coming!

2
Twenty-four hours make one day. Sixty _____s make one hour.

5
Mary cannot decide between the chocolate and the candy. But she has to _____ only one.

6
I don't like to climb _____s. That is too high for me. I am scared of <u>heights</u>.
높은 곳

9
John and Ted are not on the same _____. They have to play the <u>match</u> against each other.
경기

7
Mike _____ all of the math problems. Now, he can leave the classroom.

8

Kate wants to be a <u>pianist</u>. Every day she takes a _____ lesson after school.
피아니스트

10
There is not enough _____ for a bed. I want to have a bigger room.

451~500 Review ⓄⓃ ⓄⒻⒻ

Test Yourself! 다음 우리말을 뜻하는 영어 단어를 빈칸에 쓰고 아래 표에서 정답을 확인하세요.

451 ~ 460 ▷

1	물	_ _ _ _ _
2	돈 많은, 부자인	r _ _ _
3	학교	_ _ _ _ _ _
4	두통	_ _ _ _ _ _ _ _
5	가르치다	_ _ _ _ _

6	~아래에	u _ _ _ _
7	보다, 지켜보다	w _ _ _ _
8	사람들	_ _ _ _ _ e
9	수줍어하는, 부끄러운	_ _ _
10	특별한	s _ _ _ _ _ _

/10

461 ~ 470 ▷

1	읽다	_ _ _ _
2	디자인	_ _ _ _ _ _
3	네, 응, 그래	_ _ s
4	표지판	_ _ _ _
5	함께, 같이	t _ _ _ _ _ _ _

6	슬픈	_ _ _
7	미소 짓다; 미소	s _ _ _ _
8	이상한	s _ _ _ _ _ _
9	것, 물건, 사물	t _ _ _ _
10	마술	_ _ _ _ _

/10

471 ~ 480 ▷

1	간식	_ _ _ _ _
2	~이 되다	b _ _ _ _ _ _
3	아픈	s _ _ _
4	운전하다	_ _ _ _ _
5	예쁜	_ _ _ _ _ y

6	어떤 사람, 누구	s _ _ _ _ _ _
7	~쪽으로; ~에게	_ _
8	미친	_ _ _ _ _
9	드레스, 원피스	_ _ _ _ _ s
10	신발	_ _ _ e

/10

481 ~ 490 ▷

1	자주, 종종	_ _ _ _ n
2	~위에	_ _
3	모자	_ _ p
4	주소	_ _ _ _ _ _ _
5	놀라게 하다	_ _ _ _ _ _ _ _

6	커튼	c _ _ _ _ _ _
7	음악	_ _ _ _ _
8	교회	_ _ _ _ _ _
9	돌아오다[가다]; 돌려주다	r _ _ _ _ _
10	어떤 ~도 없는; 아니(요)	_ _

/10

491 ~ 500 ▷

1	(문제 등을) 풀다; 해결하다	_ _ _ _ _
2	(시간) 분	m _ _ _ _ _ _
3	공간	s _ _ _ _
4	산	_ _ _ _ _ _ _ _
5	피자	_ _ _ _ _

6	피아노	_ _ _ _ _
7	팀	_ _ _ _
8	선장	c _ _ _ _ _ _
9	선택하다, 고르다	_ _ _ _ _ e
10	확실한	c _ _ _ _ _ _

/10

451~500 Review | 정답

451~460	461~470	471~480	481~490	491~500
1 water	1 read	1 snack	1 often	1 solve
2 rich	2 design	2 become	2 on	2 minute
3 school	3 yes	3 sick	3 cap	3 space
4 headache	4 sign	4 drive	4 address	4 mountain
5 teach	5 together	5 pretty	5 surprise	5 pizza
6 under	6 sad	6 someone	6 curtain	6 piano
7 watch	7 smile	7 to	7 music	7 team
8 people	8 strange	8 crazy	8 church	8 captain
9 shy	9 thing	9 dress	9 return	9 choose
10 special	10 magic	10 shoe	10 no	10 certain

memo ✎

memo ✎

memo 🖉

EGU
THE EASIEST GRAMMAR & USAGE

EGU 시리즈 소개

EGU
서술형 기초
세우기

영단어&품사

서술형·문법의 기초가 되는
영단어와 품사 결합 학습

문장 형식

기본 동사 32개를 활용한
문장 형식별 학습

동사 써먹기

기본 동사 24개를 활용한
확장식 문장 쓰기 연습

EGU
서술형·문법
다지기

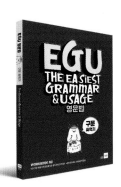

문법 써먹기

개정 교육 과정
중1 서술형·문법 완성

구문 써먹기

개정 교육 과정
중2, 중3 서술형·문법 완성

쎄듀북닷컴(www.cedubook.com)에서 부가 자료를 무료로 다운로드할 수 있습니다.

CEDU BOOK 쎄듀

Oh! My SPEAKING
오! 마이 스피킹

대상	예비 초 ~ 초등 4학년
구성	**Student Book** Workbook, MP3 CD, Picture Cards 포함

① 레벨 1 ~ 6으로 세분화된 레벨링

② 의사소통 중심의 수업을 위해
교사와 학생 모두에게 최적화된 구성

③ 전략적 반복 학습의 나선형 시스템

④ 말하기를 중심으로
어휘, 문법까지 통합적 학습 가능

오! 마이 스피킹 교재 특징

수준별 학습을 위한 6권 분류

1권 / 2권	Early Beginners
3권 / 4권	Beginners
5권 / 6권	Pre-Intermediates

세이펜 적용 도서

세이펜으로
원어민 발음을
학습하고, 혼자서도
재미있게 학습해요!

워크북 숙제도우미,
Christina(초코언니)

워크북 속 QR코드와
세이펜으로
Christina의 음성을
들을 수 있어요!

클래스 카드

PC와 모바일로
단어 암기 테스트 및
문장 스피킹을
학습 할 수 있어요!

CEDU BOOK
쎄듀

초 등 코 치

천일문

voca&story

1

✦ WORKBOOK ✦

CEDU
BOOK

초등코치

천일문
voca&story

✦ ✦ ✦

WORKBOOK

1

Master 001~010 words

⭐ 다음 각 그림과 우리말을 연결하세요. 그리고 우리말에 해당하는 영어를 빈칸에 반복해서 써보세요.

말하다	1 tell
여기에	2
친구	3

⭐ 다음 각 우리말에 해당하는 영어를 빈칸에 쓰세요.

어제	4		큰	9
미안한	5		주, 일주일	10
다음의, 다음에	6		그녀는 말했다	11
함께하다, 합류하다	7		그는 만났다	12
미안하지만, 제발, 부디	8		그녀는 말한다	13

Master 011~020 words

⭐ 다음 각 그림과 우리말을 연결하세요. 그리고 우리말에 해당하는 영어를 빈칸에 반복해서 써보세요.

야구	1 baseball
무엇	2

⭐ 다음 각 우리말에 해당하는 영어를 빈칸에 쓰세요.

마지막의	3		다시, 또	9
왜, 이유	4		듣다	10
원하다	5		그는 원했다	11
또 하나(의)	6		그는 가지고 있다	12
가지고 있다	7		그는 들었다	13
어디	8		그는 가지고 있었다	14

⭐ 다음 각 그림과 우리말을 연결하세요. 그리고 우리말에 해당하는 영어를 빈칸에 반복해서 써보세요.

	●	생일	1
	●	찾다, 발견하다	2
	●	생각, 발상	3
	●	집; 집에[으로]	4

⭐ 다음 각 우리말에 해당하는 영어를 빈칸에 쓰세요.

~할 수 있다	5		나쁜, 좋지 않은	10
시간	6		그는 거짓말 하고 있다	11
~할 것이다	7		그는 찾았다	12
돕다; 도움	8		그는 도왔다	13
거짓말하다; 거짓말	9			

⭐ 다음 각 그림과 우리말을 연결하세요. 그리고 우리말에 해당하는 영어를 빈칸에 반복해서 써보세요.

	●	문제	1
	●	숙제	2
	●	화장실	3

⭐ 다음 각 우리말에 해당하는 영어를 빈칸에 쓰세요.

~도 또한; 너무	4		내일	9
좋은	5		곧, 잠시 후	10
오후	6		그녀는 잊는다	11
겨우, 오직	7		그녀는 잊고 있다	12
잊다	8		그녀는 잊었다	13

⭐ 다음 각 그림과 우리말을 연결하세요. 그리고 우리말에 해당하는 영어를 빈칸에 반복해서 써보세요.

			최고의; 가장 좋은	1	
			보다	2	
			계획하다; 계획	3	

⭐ 다음 각 우리말에 해당하는 영어를 빈칸에 쓰세요.

얻다, 받다	4		멈추다; 그만하다	10	
경기, 시합	5		그는 얻었다	11	
(양이) 많은	6		그것은 멈춘다	12	
잘; 건강한	7		그녀는 보았다	13	
오늘	8		그것은 멈췄다	14	
학교	9				

⭐ 다음 각 그림과 우리말을 연결하세요. 그리고 우리말에 해당하는 영어를 빈칸에 반복해서 써보세요.

			자리, 좌석	1	
			깨다; 부러뜨리다	2	
			좋은, 훌륭한	3	
			선풍기; 부채	4	
			방	5	

⭐ 다음 각 우리말에 해당하는 영어를 빈칸에 쓰세요.

~에(시간)	6		그는 좋아했다	11	
작은; 약간, 조금	7		그는 깬다	12	
좋아하다	8		그는 깼다	13	
보다	9		그는 좋아한다	14	
모든; 모두	10				

Master 061~070 words

정답 p.21

⭐ 다음 각 그림과 우리말을 연결하세요. 그리고 우리말에 해당하는 영어를 빈칸에 반복해서 써보세요.

		아침 식사	1
		선물	2
		개	3
		스포츠, 운동	4

⭐ 다음 각 우리말에 해당하는 영어를 빈칸에 쓰세요.

방문하다; 방문	5		결코 ~않다	9
대답, 해답; 대답하다	6		항상	10
조금, 일부의	7		그는 방문했다	11
사람	8		그는 방문한다	12

Master 071~080 words

정답 p.21

⭐ 다음 각 그림과 우리말을 연결하세요. 그리고 우리말에 해당하는 영어를 빈칸에 반복해서 써보세요.

		파티	1
		벌레	2
		열다	3

⭐ 다음 각 우리말에 해당하는 영어를 빈칸에 쓰세요.

행복한	4		어느, 어떤	9
사다, 사 주다	5		매우, 아주, 정말	10
~의	6		그녀는 노력했다	11
그러나, 하지만	7		그는 샀다	12
노력하다; 해 보다	8			

⭐ 다음 각 그림과 우리말을 연결하세요. 그리고 우리말에 해당하는 영어를 빈칸에 반복해서 써보세요.

말하다	1	
시험	2	
궁금한, 호기심이 많은	3	
저녁 식사	4	
어려운	5	

⭐ 다음 각 우리말에 해당하는 영어를 빈칸에 쓰세요.

케이크	6		~하다	10
고요한, 침착한	7		그녀는 했다	11
연습하다	8		그는 말했다	12
아직도	9		그녀는 연습했다	13

Master 091~100 words

정답 p.21

⭐ 다음 각 그림과 우리말을 연결하세요. 그리고 우리말에 해당하는 영어를 빈칸에 반복해서 써보세요.

어려운	1	
가다	2	
행운; 운	3	
주다	4	

⭐ 다음 각 우리말에 해당하는 영어를 빈칸에 쓰세요.

미래	5		사실인	10
재미있는	6		그녀는 주었다	11
그저, 단지; 막, 방금	7		그는 간다	12
점심	8		그는 갔다	13
버스	9		그녀는 준다	14

Master 101~110 words

정답 p.21

⭐ 다음 각 그림과 우리말을 연결하세요. 그리고 우리말에 해당하는 영어를 빈칸에 반복해서 써보세요.

～안에, ～에	1	
배고픈	2	
간; 오랫동안	3	
아침	4	

⭐ 다음 각 우리말에 해당하는 영어를 빈칸에 쓰세요.

먹다	5	틀린, 잘못된	9
괜찮은	6	～와, 그리고	10
화난	7	그는 먹었다	11
앞쪽	8	그는 먹는다	12

Master 111~120 words

정답 p.22

⭐ 다음 각 그림과 우리말을 연결하세요. 그리고 우리말에 해당하는 영어를 빈칸에 반복해서 써보세요.

생각하다	1	
(몹시) 화난	2	
목마른	3	
수학	4	
반, 학급	5	

⭐ 다음 각 우리말에 해당하는 영어를 빈칸에 쓰세요.

～와 함께	6	어떤 것, 무엇	10
게으른	7	그녀는 생각한다	11
(수가) 많은	8	그녀는 생각했다	12
늦은, 지각한	9		

Master 121~130 words

정답 p.22

⭐ 다음 각 그림과 우리말을 연결하세요. 그리고 우리말에 해당하는 영어를 빈칸에 반복해서 써보세요.

컴퓨터	1	
점수; 득점하다	2	
떨어뜨리다	3	
상자	4	

⭐ 다음 각 우리말에 해당하는 영어를 빈칸에 쓰세요.

확실한	5		아주 좋아하는	9
그리워하다; 놓치다	6		~ 아니다, ~ 않다	10
사람, 물건	7		그녀는 떨어뜨린다	11
친절한, 다정한; 종류	8		그녀는 떨어뜨렸다	12

Master 131~140 words

정답 p.22

⭐ 다음 각 그림과 우리말을 연결하세요. 그리고 우리말에 해당하는 영어를 빈칸에 반복해서 써보세요.

그릇	1	
왕관	2	
창문	3	
꽃	4	

⭐ 다음 각 우리말에 해당하는 영어를 빈칸에 쓰세요.

(바람이) 불다; (입으로) 불다	5		교실	9
모든 사람	6		~전에	10
지금, 현재	7		그는 분다	11
거실	8		그는 불었다	12

Master 141~150 words

⭐ 다음 각 그림과 우리말을 연결하세요. 그리고 우리말에 해당하는 영어를 빈칸에 반복해서 써보세요.

		신	1
		열	2
		천사	3
		자라다, 크다	4

⭐ 다음 각 우리말에 해당하는 영어를 빈칸에 쓰세요.

나이	5		괜찮은	10
거인	6		그것은 자랐다	11
~이 필요하다; 필요	7		그는 필요하다	12
준비가 된	8		그것은 자란다	13
어쩌면, 아마	9			

Master 151~160 words

⭐ 다음 각 그림과 우리말을 연결하세요. 그리고 우리말에 해당하는 영어를 빈칸에 반복해서 써보세요.

		공부하다	1
		두 배	2
		소리 내어	3
		콩	4

⭐ 다음 각 우리말에 해당하는 영어를 빈칸에 쓰세요.

걱정하다	5		그녀는 공부했다	11
(수를) 세다	6		그녀는 걱정한다	12
~에 관한	7		그녀는 공부한다	13
정말로	8		그녀는 걱정했다	14
배경	9		그녀는 공부하고 있다	15
아직	10			

Master 161~170 words

정답 p.22

⭐ 다음 각 그림과 우리말을 연결하세요. 그리고 우리말에 해당하는 영어를 빈칸에 반복해서 써보세요.

	●	●	배	1
	●	●	접시; 요리	2
	●	●	씻다	3

⭐ 다음 각 우리말에 해당하는 영어를 빈칸에 쓰세요.

짧은, 키가 작은	4		끝내다, 마치다	9
키가 큰, 높은	5		선생님	10
좋은, 멋진; 친절한	6		그는 끝난다	11
곤경, 문제	7		그는 끝냈다	12
~해야 한다	8		그는 씻는다	13
			그는 씻었다	14

Master 171~180 words

정답 p.22

⭐ 다음 각 그림과 우리말을 연결하세요. 그리고 우리말에 해당하는 영어를 빈칸에 반복해서 써보세요.

	●	●	책	1
	●	●	의자	2
	●	●	침대	3
	●	●	새	4

⭐ 다음 각 우리말에 해당하는 영어를 빈칸에 쓰세요.

더러운	5		공정한, 공평한	10
부엌	6		그녀는 말하고 있다	11
말하다	7		그녀는 말했다	12
똑똑한	8		그녀는 말한다	13
공기	9			

Master 181~190 words

정답 p.22

⭐ 다음 각 그림과 우리말을 연결하세요. 그리고 우리말에 해당하는 영어를 빈칸에 반복해서 써보세요.

		책상	1
		뇌	2
		기차	3
		우편, 우편물	4

⭐ 다음 각 우리말에 해당하는 영어를 빈칸에 쓰세요.

귀여운	5
무서워하는, 겁내는	6
벽	7
이름	8

실패하다	9
기다리다	10
그는 기다린다	11
그는 기다렸다	12

Master 191~200 words

정답 p.22

⭐ 다음 각 그림과 우리말을 연결하세요. 그리고 우리말에 해당하는 영어를 빈칸에 반복해서 써보세요.

		다치게 하다; 다친	1
		은행	2
		그곳에[서]	3

⭐ 다음 각 우리말에 해당하는 영어를 빈칸에 쓰세요.

너무, 정말; 그래서	4
감사하다	5
실수	6
일찍	7
바쁜	8
마시다	9

피곤한; 지친	10
그는 마신다	11
그는 마셨다	12
그는 다치게 한다	13
그는 다치게 했다	14

Master 201~210 words

정답 p.22

⭐ 다음 각 그림과 우리말을 연결하세요. 그리고 우리말에 해당하는 영어를 빈칸에 반복해서 써보세요.

	●	운동장; 놀이터	1
	●	사무실	2
	●	간호사	3
	●	골, 득점	4
	●	펜	5

⭐ 다음 각 우리말에 해당하는 영어를 빈칸에 쓰세요.

공휴일, 휴일	6		그녀는 놀았다	11
같은	7		그녀는 논다	12
~해도 좋다	8		그녀는 머무른다	13
놀다, (게임 등을) 하다; (악기를) 연주하다	9		그녀는 머물렀다	14
머무르다	10			

Master 211~220 words

정답 p.23

⭐ 다음 각 그림과 우리말을 연결하세요. 그리고 우리말에 해당하는 영어를 빈칸에 반복해서 써보세요.

	●	미술	1
	●	당근	2
	●	공	3
	●	(소리 내어) 웃다	4
	●	병	5

⭐ 다음 각 우리말에 해당하는 영어를 빈칸에 쓰세요.

충분한; 충분히	6		높은	10
어두운	7		그들은 웃고 있다	11
오른쪽(의); 옳은	8		그들은 웃었다	12
싸우다	9		그들은 싸우고 있다	13

Master 221~230 words

⭐ 다음 각 그림과 우리말을 연결하세요. 그리고 우리말에 해당하는 영어를 빈칸에 반복해서 써보세요.

		시끄러운 소리, 소음	1	
		치과 의사	2	
		목소리	3	
		동전	4	

⭐ 다음 각 우리말에 해당하는 영어를 빈칸에 쓰세요.

기름; 석유	5		더하다, 추가하다	9
빠른; 빨리	6		채우다	10
쉬운	7		그는 추가했다	11
점수	8			

Master 231~240 words

⭐ 다음 각 그림과 우리말을 연결하세요. 그리고 우리말에 해당하는 영어를 빈칸에 반복해서 써보세요.

		쿠키	1	
		알; 달걀	2	
		문	3	
		들판	4	
		영화	5	

⭐ 다음 각 우리말에 해당하는 영어를 빈칸에 쓰세요.

믿다	6		오다	10
죽다	7		그것은 죽었다	11
한 부분, 조각	8		그녀는 왔다	12
실제로; 사실은	9		그녀는 믿는다	13

Master 241~250 words

정답 p.23

⭐ 다음 각 그림과 우리말을 연결하세요. 그리고 우리말에 해당하는 영어를 빈칸에 반복해서 써보세요.

열쇠	1	
(발로) 차다	2	
두드리다, 노크하다	3	
칼	4	

⭐ 다음 각 우리말에 해당하는 영어를 빈칸에 쓰세요.

아이	5		알다	9
~동안	6		괜찮은	10
모든	7		그는 안다	11
~후에	8		그는 (발로) 찼다	12

Master 251~260 words

정답 p.23

⭐ 다음 각 그림과 우리말을 연결하세요. 그리고 우리말에 해당하는 영어를 빈칸에 반복해서 써보세요.

모자	1	
바구니	2	
유령, 귀신	3	
사탕	4	

⭐ 다음 각 우리말에 해당하는 영어를 빈칸에 쓰세요.

(손·팔 등으로) 잡고[쥐고/들고] 있다	5		정직한; 솔직한	9
연기하다; 행동하다	6		무거운	10
1시간	7		그는 들고 있었다	11
어른	8		그녀는 연기했다	12

⭐ 다음 각 그림과 우리말을 연결하세요. 그리고 우리말에 해당하는 영어를 빈칸에 반복해서 써보세요.

출구	1	
아기	2	
건너서, 가로질러	3	
운동하다	4	

⭐ 다음 각 우리말에 해당하는 영어를 빈칸에 쓰세요.

사실	5	혼자	9	
시험	6	설명하다	10	
유명한	7	그는 운동한다	11	
신나는	8			

Master 271~280 words

정답 p.23

⭐ 다음 각 그림과 우리말을 연결하세요. 그리고 우리말에 해당하는 영어를 빈칸에 반복해서 써보세요.

편지	1	
바다	2	
건전지, 배터리	3	
자다; 잠	4	
전투, 싸움	5	

⭐ 다음 각 우리말에 해당하는 영어를 빈칸에 쓰세요.

문제, 일	6	더 좋은, 더 나은	10	
면직물	7	그녀는 이해했다	11	
이해하다	8	그는 잤다	12	
~의 주위에	9			

⭐ 다음 각 그림과 우리말을 연결하세요. 그리고 우리말에 해당하는 영어를 빈칸에 반복해서 써보세요.

☎ ●	●	집	1
🐘 ●	●	돌고래	2
🐬 ●	●	코끼리	3
🏠 ●	●	전화기	4

⭐ 다음 각 우리말에 해당하는 영어를 빈칸에 쓰세요.

싫어하다	5		바닥, (건물의) 층	9
맛있는	6		다른	10
수업	7		그는 도착했다	11
도착하다	8		그는 싫어했다	12

⭐ 다음 각 그림과 우리말을 연결하세요. 그리고 우리말에 해당하는 영어를 빈칸에 반복해서 써보세요.

🗺 ●	●	고기	1
🥩 ●	●	지도	2
🚰 ●	●	종, 벨	3
🔔 ●	●	화장실	4

⭐ 다음 각 우리말에 해당하는 영어를 빈칸에 쓰세요.

(수·양이) 많음	5		기억하다	9
조언하다, 충고하다	6		소리가 큰, 시끄러운	10
시장	7		그는 조언했다	11
시	8		그는 기억한다	12

⭐ 다음 각 그림과 우리말을 연결하세요. 그리고 우리말에 해당하는 영어를 빈칸에 반복해서 써보세요.

	사이에, 중간에	1
	지우개	2
	음식	3
	소고기	4

⭐ 다음 각 우리말에 해당하는 영어를 빈칸에 쓰세요.

만나다	5	느끼다	9
깊은	6	날짜	10
전쟁	7	그는 만났다	11
안전한	8	그는 느꼈다	12

Master 311~320 words

정답 p.23

⭐ 다음 각 그림과 우리말을 연결하세요. 그리고 우리말에 해당하는 영어를 빈칸에 반복해서 써보세요.

	사고	1
	못생긴	2
	채소	3
	축구	4

⭐ 다음 각 우리말에 해당하는 영어를 빈칸에 쓰세요.

젊은, 어린	5	~없이	9
소원; 원하다, 바라다	6	낱말, 단어	10
시작하다	7	그는 바란다	11
악센트, 강세	8	그는 시작한다	12

Master 321~330 words

정답 p.24

⭐ 다음 각 그림과 우리말을 연결하세요. 그리고 우리말에 해당하는 영어를 빈칸에 반복해서 써보세요.

	● ●	사전	1
	● ●	맨 위, 꼭대기	2
	● ●	방망이	3
	● ●	해변	4

⭐ 다음 각 우리말에 해당하는 영어를 빈칸에 쓰세요.

꿈; 꿈꾸다	5		질문	9
상태	6		서두르다	10
방학	7		그녀는 서둘렀다	11
국가	8		그녀는 서두른다	12

Master 331~340 words

정답 p.24

⭐ 다음 각 그림과 우리말을 연결하세요. 그리고 우리말에 해당하는 영어를 빈칸에 반복해서 써보세요.

	● ●	시험	1
	● ●	물어보다	2
	● ●	재미; 재미있는	3
	● ●	조용한	4

⭐ 다음 각 우리말에 해당하는 영어를 빈칸에 쓰세요.

빌리다	5		여왕	9
뒤로	6		빠르게	10
차이	7		그는 빌렸다	11
~하는 동안	8		그녀는 물었다	12

⭐ 다음 각 그림과 우리말을 연결하세요. 그리고 우리말에 해당하는 영어를 빈칸에 반복해서 써보세요.

	바퀴	1	
	누구	2	
	꼬리	3	
	튼튼한, 강한	4	

⭐ 다음 각 우리말에 해당하는 영어를 빈칸에 쓰세요.

갑자기	5		귀찮게 하다	9
가져오다, 데려오다	6		게임, 경기	10
언제	7		그는 귀찮게 한다	11
앞에, 앞으로	8		그는 가져온다	12

⭐ 다음 각 그림과 우리말을 연결하세요. 그리고 우리말에 해당하는 영어를 빈칸에 반복해서 써보세요.

	우산	1	
	도로, 길	2	
	이기다	3	
	배, 보트	4	

⭐ 다음 각 우리말에 해당하는 영어를 빈칸에 쓰세요.

조언, 충고	5		주말	9
사용하다	6		학생	10
오늘 밤	7		그는 이겼다	11
(판자같이 생긴) —판[—대]	8		그는 사용했다	12

Master 361~370 words

정답 p.24

⭐ 다음 각 그림과 우리말을 연결하세요. 그리고 우리말에 해당하는 영어를 빈칸에 반복해서 써보세요.

	●	달력	1
	●	달러	2
	●	자동차	3
	●	설탕	4

⭐ 다음 각 우리말에 해당하는 영어를 빈칸에 쓰세요.

앞으로	5	짓다, 건설하다	9
물다	6	먼; 멀리	10
정원	7	그녀는 물었다	11
고지서, 청구서	8	그녀는 물고 있다	12

Master 371~380 words

정답 p.24

⭐ 다음 각 그림과 우리말을 연결하세요. 그리고 우리말에 해당하는 영어를 빈칸에 반복해서 써보세요.

	●	전화하다; 부르다	1
	●	말	2
	●	자전거	3
	●	공항	4

⭐ 다음 각 우리말에 해당하는 영어를 빈칸에 쓰세요.

유머	5	모퉁이, 코너	9
의사	6	~을 위해; ~동안	10
~할 수 있는	7	그녀는 배우고 있다	11
배우다	8	그녀는 배운다	12

Master 381~390 words

정답 p.24

⭐ 다음 각 그림과 우리말을 연결하세요. 그리고 우리말에 해당하는 영어를 빈칸에 반복해서 써보세요.

♥ ●	●	온도, 기온	1
🌱 ●	●	그림; 사진	2
📷 ●	●	자연	3
🌡 ●	●	사랑하다; 정말 좋아하다	4

⭐ 다음 각 우리말에 해당하는 영어를 빈칸에 쓰세요.

살다	5	모험	9
몸짓, 제스처	6	기억	10
~ 안쪽에	7	그녀는 산다	11
선; 줄	8	그는 정말 좋아한다	12

Master 391~400 words

정답 p.24

⭐ 다음 각 그림과 우리말을 연결하세요. 그리고 우리말에 해당하는 영어를 빈칸에 반복해서 써보세요.

💣 ●	●	폭탄	1
🧹 ●	●	가방	2
🕐 ●	●	청소하다	3
💼 ●	●	시계	4

⭐ 다음 각 우리말에 해당하는 영어를 빈칸에 쓰세요.

남자아이	5	오르다	9
동아리	6	뒤에	10
또 다른, 그 밖의	7	그는 오른다	11
오전	8	그는 청소한다	12

Master 401~410 words

정답 p.24

⭐ 다음 각 그림과 우리말을 연결하세요. 그리고 우리말에 해당하는 영어를 빈칸에 반복해서 써보세요.

반, 2분의 1	1	
동물	2	
우유	3	
도서관	4	

⭐ 다음 각 우리말에 해당하는 영어를 빈칸에 쓰세요.

만들다	5	왼쪽(의)	9
걷다	6	~에서, ~부터	10
~시	7	그는 걷는다	11
모든 것	8	그녀는 만들고 있다	12

Master 411~420 words

정답 p.24

⭐ 다음 각 그림과 우리말을 연결하세요. 그리고 우리말에 해당하는 영어를 빈칸에 반복해서 써보세요.

장난감	1	
테이블, 식탁	2	
성	3	
여행	4	

⭐ 다음 각 우리말에 해당하는 영어를 빈칸에 쓰세요.

시작하다	5	사람, 남자	9
이야기	6	운이 좋은, 행운의	10
메뉴	7	그는 시작한다	11
귀 기울여 듣다	8	그녀는 귀 기울여 듣는다	12

⭐ 다음 각 그림과 우리말을 연결하세요. 그리고 우리말에 해당하는 영어를 빈칸에 반복해서 써보세요.

	소식, 뉴스	1
	결정하다	2
	거울	3

⭐ 다음 각 우리말에 해당하는 영어를 빈칸에 쓰세요.

경치, 전망	4		여자아이	9	
한가한	5		새, 새로운	10	
가까이, 가까운	6		그녀는 솔질한다	11	
닦다, 솔질하다	7		그는 결정한다	12	
(수가) 거의 없는	8				

⭐ 다음 각 그림과 우리말을 연결하세요. 그리고 우리말에 해당하는 영어를 빈칸에 반복해서 써보세요.

	총	1
	잡아당기다, 끌어당기다	2
	선물	3

⭐ 다음 각 우리말에 해당하는 영어를 빈칸에 쓰세요.

가득 찬, 배가 부른	4		인간, 사람	9	
아무것, 무엇이든	5		마음, 생각	10	
밀다	6		그녀는 잡아당겼다	11	
취미	7		그는 밀었다	12	
이발, 머리 깎기	8				

Master 441~450 words

정답 p.25

⭐ 다음 각 그림과 우리말을 연결하세요. 그리고 우리말에 해당하는 영어를 빈칸에 반복해서 써보세요.

🔧 ●	●	고치다, 수리하다	1
❤️ ●	●	지구	2
🌍 ●	●	심장; 마음	3

⭐ 다음 각 우리말에 해당하는 영어를 빈칸에 쓰세요.

축구	4
박물관	5
밖에, 밖으로	6
입고[쓰고/끼고/신고] 있다	7
영어	8

메시지 [메일/문자]	9
해, 년	10
그는 입는다	11
그는 고친다	12

Master 451~460 words

정답 p.25

⭐ 다음 각 그림과 우리말을 연결하세요. 그리고 우리말에 해당하는 영어를 빈칸에 반복해서 써보세요.

🏫 ●	●	물	1
😊 ●	●	돈 많은, 부자인	2
🥤 ●	●	두통	3
🪗 ●	●	학교	4

⭐ 다음 각 우리말에 해당하는 영어를 빈칸에 쓰세요.

보다, 지켜보다	5
사람들	6
수줍어하는, 부끄러운	7
~아래에	8

가르치다	9
특별한	10
그녀는 가르친다	11
그는 본다	12

⭐ 다음 각 그림과 우리말을 연결하세요. 그리고 우리말에 해당하는 영어를 빈칸에 반복해서 써보세요.

미소 짓다; 미소	1
표지판	2
읽다	3
마술	4
슬픈	5

⭐ 다음 각 우리말에 해당하는 영어를 빈칸에 쓰세요.

네, 응, 그래	6		함께, 같이	10
것, 물건, 사물	7		그녀는 미소 지었다	11
이상한	8		그녀는 미소 짓는다	12
디자인	9			

⭐ 다음 각 그림과 우리말을 연결하세요. 그리고 우리말에 해당하는 영어를 빈칸에 반복해서 써보세요.

간식	1
드레스, 원피스	2
신발	3
아픈	4
운전하다	5

⭐ 다음 각 우리말에 해당하는 영어를 빈칸에 쓰세요.

～이 되다	6		미친	10
예쁜	7		그는 운전한다	11
～쪽으로; ～에게	8		그녀는 ～이 되었다	12
어떤 사람, 누구	9			

Master 481~490 words

정답 p.25

⭐ 다음 각 그림과 우리말을 연결하세요. 그리고 우리말에 해당하는 영어를 빈칸에 반복해서 써보세요.

	모자	1
	교회	2
	커튼	3
	음악	4

⭐ 다음 각 우리말에 해당하는 영어를 빈칸에 쓰세요.

자주, 종종	5		주소	9
어떤 ~도 없는; 아니(요)	6		돌아오다[가다]; 돌려주다	10
놀라게 하다	7		그는 돌아왔다	11
~위에	8		그녀는 놀라게 한다	12

Master 491~500 words

정답 p.25

⭐ 다음 각 그림과 우리말을 연결하세요. 그리고 우리말에 해당하는 영어를 빈칸에 반복해서 써보세요.

	피아노	1
	피자	2
	선장	3
	산	4

⭐ 다음 각 우리말에 해당하는 영어를 빈칸에 쓰세요.

(문제 등을) 풀다; 해결하다	5		공간	9
확실한	6		(시간) 분	10
선택하다, 고르다	7		그녀는 선택했다	11
팀	8		그는 풀었다	12